내가 본 大百濟

백제는 참으로 위대했던 王國

소진철 지음

내가 본 大百濟
- 백제는 참으로 위대했던 王國

지은이 | 소진철

펴낸이 | 최병식

펴낸날 | 2019년 11월 20일

펴낸곳 | 주류성출판사

서울특별시 서초구 강남대로 435

TEL | 02-3481-1024 (대표전화) • FAX | 02-3482-0656

www.juluesung.co.kr | juluesung@daum.net

값 12,000원

잘못된 책은 교환해 드립니다.

ISBN   978-89-6246-408-5   93910

내가 본 大百濟

백제는 참으로 위대했던 王國

소진철 지음

주류성

서언

　필자가 이 글을 쓰는 이유는 한 가지의 소망이 있기 때문이다. 지난 30여 년간 '한·일 고대관계'의 진실을 탐구하기 위해, 필자는 많은 시간과 여러 곳을 탐방한 바가 있는데, 새로운 사실을 알게 되는 순간 나는 무한한 감동과 희열囍悅을 느끼곤 하였다. 그래서 나는 그러한 희열과 감동을 후학들에게 전하고 싶은 심정에서 붓을 들게 된 것이다.

　필자는 30여 년 전 우연한 기회에 일본국 국보 제2호인「인물화상경人物畵像鏡」의 명문銘文을 접하게 되었다. 그런데 이 명문48자의 양각 속에는 제작자인「斯麻사마」의 이름과「大王年대왕년」,「男弟王남제왕」과 같은 한시대의 '정치체제'를 확인할 수 있는 글귀가 있어, 나는 이글을 보는 순간, 가슴이 벅차올랐다. 왜냐하면, 이 거울의 제작자인「斯麻」는 백제 무령왕武寧王이라는 사실을 알고 있었기 때문이다. 그러나 일본학계는 이「斯麻」를 그저「男弟王」의 신하臣下로 만들어,「大王年」을「男弟王」의 연호라고 해, 이 거울은 신하인「斯麻」가「男弟王」에게 헌상한 것이라고 했다. 이것은 아주 잘못된 것으로서 주객主客이 완전히 전도된 것이다.

　일본학계의 이러한 해석은 '저의'가 있는 것으로서 정당한 해석이라고 할 수 없는 것이다. 당시의 관행은 백제나 倭에서는 鏡경·거울이나 大刀대도, 구슬 등은 언제나 윗사람이 아래 것들에게 하사하는 신임의 증표인 것이다. 필자가 한·일 고대관계에 대해 큰 관심을 갖게 되는 계기가 된 것이다. 이 거울에서 보는「大王年·癸未年」는 당시의 백제왕의 연호이며, 이것이야말로 필자에게는 어두운 밤하늘과 같은 역사탐방의 길잡이가 된 것이다.

그러나 일본사회나 우리사회의 '백제'에 대한 인식은 고정관념 때문에, 한·일 고대사를 해석하는 데 있어서 어려움이 많았다. 일본 측은 『일본서기』 신공기神功記와 「任那日本府임나일본부」설을 맹신하고 있으며, 따라서 銘文명문에 대한 해석은 자연스러울 수 없는 것이다. 그리고 한국사회에 있어서도 학계는 『삼국사기』를 신봉하고 있기 때문에, 자연 백제는 삼국 중 왜소한 나라로 인식하게 되는 것이다.

그런데 530년경에 제작된 남조의 『梁職貢圖양직공도』에 의하면, 백제는 晉末진말에 遼西郡요서군과 晉平縣진평현을 영유하고, 거기에 百濟郡백제군을 설치했다고 하며, 본국에는 「반파·사라斯羅·新羅의 古名」 등 9개국을 「방소국旁小國」을 거느리고 있다고 했다. 그러나 이러한 역사적 사실을 일본학계나 사회에서는 인정하려 하지 않으며, 또한 우리학계나 사회에서도 『양직공도』에 대한 신빙성을 부정하고, 그것은 백제가 외교적으로 능숙하기 때문에 중국 측 기록은 과장된 면이 있다고 한다.

그동안 『일본서기』와 『삼국사기』는 한반도 3국의 왕의 서거를 모두 「薨훙」자로 표기하고 있으나, 1971년 무령왕릉 출토의 誌石지석에서는 王무령왕의 죽음에 「崩붕」자로 표기하고 있으며, 일본국보 2호인 「인물화상경」에서는 王무령왕의 '年代년대'를 「大王年·癸未年」이라고 했다. 이 사실은 참으로 놀라운 일이며, 백제사 해석의 운신의 폭을 크게 확대할 수 있게 되었다.

나는 수년 전에 그동안 우리에게 알려진 바도 없으며, 또한 들은 일도 없는 「廣西壯族自治區광서장족자치구」의 구도區都인 南寧市남령시 근교에 있는

「廣西 百濟鄉面·광서 백제향면」을 방문한 일이 있다. 그런데 특이하게도 이 지방의 주민^{장족·壯族}들은 「百濟鄉」의 중심지인 「百濟墟^{백제허}」를 가리켜 「Daejbakcae·대박체·大百濟」라고 발음하는 것이다. 「百濟墟」의 「墟^{유적지}」자가 있다는 것은 「大百濟」가 실재로 이 땅에 있었다는 것을 말해주는 것이다. 참으로 놀라운 일이 아닐 수 없다. 「大百濟」는 역사 속에서 사라진 지 오래된 일이지만, 아직도 이 땅에서는 숨 쉬고 있는 것이다.

끝으로 원고를 정리하는데, 각별한 수고가 많은 최원용^{원광대 정치학석사군}과 필자에게 조언과 충고를 아끼지 않은 신형식 이도학 교수님께 감사의 말씀을 드린다. 그리고 이 책을 아담하게 만들어 주신 주류성 최병식 사장님과 관계자 여러분께 고마움을 전한다.

2019년 8월
저자 蘇鎭轍

I. 광시(廣西)「南寧市 百濟鄉」은 '백제'의 고토(故土)

百濟鄉은 옛「百濟郡」의 治所

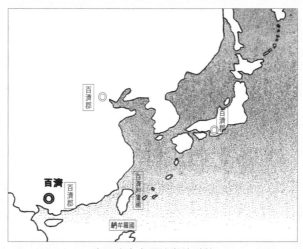

廣西 南寧市 百濟鄉의 방위

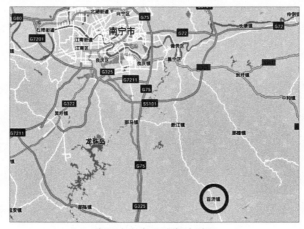

廣西 南寧市 百濟鄉의 지도

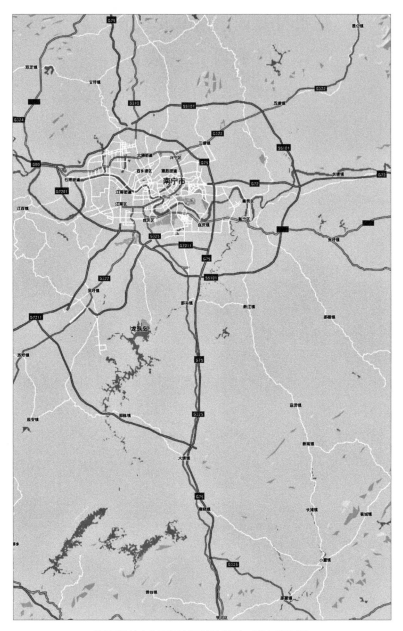

「廣西壯族自治區(광서장족자치구)」 서남지방지도

1. 廣西 '백제허(百濟虛)' 전경

　百濟鄕(백제향·인구 약 3만 3천명)은 광시 남령(南寧·난닝)시에서 동남방으로 약 150㎞ 떨어진 곳에 위치한 농촌지대이다. 百濟鄕의 중심마을은「百濟墟·백제허」(인구는 약 1천 5백 명이며, 모두 壯族·장족들이다)라고 하는데, 행정구역상「墟」라고 해(중국에서 墟는 '유적지', '성터'를 뜻함) 그 옛날 이 땅에「百濟」가 왔다는 사실을 말해주고 있다.

백제허 마을의 거리 풍경

백제허 마을의 과일 노점상

百濟鄕 사무소 앞의 필자
(百濟鄕人民政府)

「百濟墟 百濟街」의 한 주소 판
(百濟街 27번지)

百濟세무소 간판

百濟중학교와 성인학교 간판

百濟文化站(院) 간판

百濟旅社(여행사) 간판

百濟 ↔ 南寧 간 定期버스

터미널의 버스 대기선

동네의 3륜 택시

2. 장족(壯族)은 「百濟虛」를 「Daejbakcae·대박체」로 발음

　광서(廣西)장족자치구 남녕시 백제향의 중심지는 「백제허百濟墟」(우리의 '邑(읍)'에 해당)라고 불리는 조그마한 농촌마을인데, 그 지명은 문자 그대로 '백제성터(城跡)' 또는 '백제유적지'를 뜻하는 것으로서 옛 백제(대백제)는 아직도 그곳에서 숨 쉬고 있는 것이다. 이곳 '백제향'(우리의 면(面)에 해당) 은 오늘의 중·월(中·越) 국경 지대에서 그리 멀지 않은 곳에 있으며, 향(鄕) 의 인구는 약 3만 3천여 명이다. 이 지역의 주민들은 대부분이 이 땅에서 오랜 세월 살아온 장족(壯族)으로서 그들은 월족(越族)의 일족이기도 하다.

　그런데 「百濟鄕」의 중심지인 百濟墟 사람들(壯族)은 「百濟墟」를 「Dae-jbakcae」 즉 「대백제·大百濟」라고 발음하는데, 그 옛날 이 땅에는 「百濟郡

백제군」이 있었다는 산 증거인 것이다.

3. 백제는 어떻게 여기까지 왔는가?

중국의 남조정사(南朝正史)는 백제
의 遼西·晉平(요서·진평)의 영유(領有)
를 인정

『宋書』백제전：「高句麗略有遼東百
濟略有遼西, 百濟治所謂之晉平郡
晉平縣」

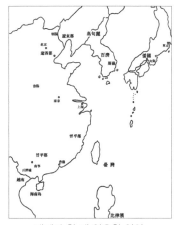

백제가 한 때 영유한 영역

『南齊書』백제전:「晉時句麗旣略有遼東, 百濟亦拒有遼西, 晉平二郡矣 自治百濟郡」

『梁書』백제전:「晉時句麗旣略有遼東, 百濟亦有遼西‧晉平郡矣, 自治 百濟郡」

『梁職貢圖』백제국사조:「晉末句麗旣略有遼東, 樂浪亦有遼西‧晉平縣」

『南史』백제전:「晉世句麗旣略有遼東, 百濟亦據有遼西‧晉平二郡地矣, 自治百濟郡」

『中國古今地名大辭典』晉平縣조:「南朝宋治, 南齊因之 今當在廣西境」

° 백제는 晉末(5세기 전후)에 진평현(晉平縣)에 진출

『양직공도』(梁職貢圖‧530년경 제작)에 의하면, 백제는 22개의 담로(擔魯)지역을 가지고 있는데, (담로의 크기는 중국의 군‧현과 같다) 거기에 자제종족(子弟宗族)으로 봉(封)한다고 함. 百濟鄕도 그러한 지역의 하나로 추정한다.

『양직공도』에 나타난 백제 사신

4. 「백제향(百濟鄕)」은 흑치상지(黑齒常之)의 고향

唐(당) 左武衛大將軍(좌무위대장군) 흑치상지는 689년 음 10월 60세(?)의 나이로 長安(장안‧西安?)에서 교형(絞刑)으로 파란만장한 생(生)을 마쳤다. 시신(屍身)은 그 후 낙양(洛陽)으로 이장 되었다. 그런데 1929년 일단의 도굴꾼에 의해 북망산(北邙山)의 그의 묘소가 파괴되었다. 이때 그의 묘지석이 출토되었는데, "한 유지(有志·李根源)가 이를 소장하게 되고, 그는 후일 이것을 소주(蘇州)의 문관회(文管會)에 기증하였다"고 함. 현재는 남경(南京)博物館에서 소장하고 있다.

黑齒常之의 묘지석 탁본
크기 : 세로 72cm, 가로 71cm
서체 : 구양순체(歐陽詢體)풍의 해서(楷書)
도합 : 41행(行), 1,604자(字)

○ 흑치상지(黑齒常之) 묘지명(家系)

「府君諱常之 字恒元 百濟人也 其先出自扶餘氏封於黑齒 子孫 因以爲氏焉 其家世相承爲達率 達率之職 猶今兵部尚書 於本國二品官也 曾祖諱文大 祖諱德顯 考諱 沙次 並官至達率」

(釋文)

「아버지의 이름은 상지常之이고 자字는 항원恒元으로 百濟人이다. 그 선조는 부여씨扶餘氏에서 나와 흑치黑齒국에 封해졌으므로 자손이 이를 따라 氏로 삼았다. 그 집안은 세세에 달솔達率이 되었다. 달솔은 唐의 국방장관격이고 본국에서는 二品의 벼슬이다. 증조부의 이름은 문대文大이고, 조부의 이름은 덕현德顯이며, 부친의 이름은 사차沙次로서 모두 관등이 달솔에 이름」

○ 흑치상지(黑齒常之)의 출자(出自)

「黑齒常之」「百濟 西部人(서부인)」에 대해, 학계의 다수는 黑齒常之는 백제의 서부지역 출신이라고 하는데, 이는 잘못된 견해이다. 여기서 말하는

「百濟 西部人」은 대륙의 땅「백제군·百濟郡」사람들을 말하는 것이다. 唐代에는 백제 西郡(서군)의 존재를 알고 있는 것이다.『元和姓纂』권10은「黑齒：百濟西郡人也」라고 했다.

정복전(鄭福田) 主編,『中國將帥全傳』(券中), 1997.
「黑齒常之?~689年　唐高宗李治, 武則天時名將(左武衛大將軍), 百濟(今廣東欽縣西北)西部人. 身長七尺有餘·驍勇善戰, 有謀略.」

（釋文）

「黑齒常之?~689년는 당唐 고종高宗 이치, 측천무후 시의 명장左武衛大將軍이다. 백제(금 광동 欽縣·欽州 서북) 서부인이다. 장군은 키가 七尺이고, 용감하고 싸움戰爭을 잘하고, 지모가 있다.」

黑齒常之，百濟西部人也。長七尺餘，驍勇有謀略。顯慶五年，蘇定方討平百濟，常之恐懼，遂與酋長沙吒相如等，仍嘯聚兵劫掠，丁壯者多被驅，常之恐懼，遂存山，築柵以自固，旬日而歸附者三萬餘人。定方不能討而還。常之遂復本國二百餘城，定方不能討而還。累轉左領軍員外將軍。

『舊唐書(구당서)』
(卷一百九)

5. 흑치국(黑齒國)은 어디에 있나?

옛 흑치국(黑齒國)의 방위에 대해서는 기록이 거의 없어 의견이 분분하다. 학계에서는 이를 필리핀이나 대만으로 비정하는 경우도 있으나,『삼국지』(魏志倭人傳)는 이점에 대해 분명히 흑치국은 나국(裸國·캄보

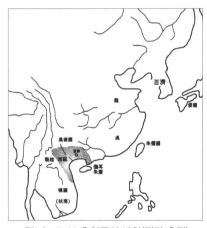

『魏書』로 본 흑치국의 방위(필자 추정)

디아 지역)에 접해있다고 한다.

魏志倭人伝

女王國東渡海千餘里復有國皆倭種又有侏儒國在其南人長三四尺去女
王四千餘里又有裸國黑齒國復在其東南航行一年可至參問倭地絶在海
中洲島之上或絶或連

[釋文]

「여왕국의 동쪽으로 바다 1천여 리를 건너면 다시 나라가 있는데, 모두 왜종倭
種이다. 또 주유국侏儒國·小人國이 그 (여왕국) 남쪽에 있는데, 사람들의 키는
3~4척이며, 여왕(국·야마대국)으로부터 4천여 리 떨어져 있다. 또 나국裸國·벌
거숭이 나라 흑치국黑齒國·검은 치아 나라이 다시금 그 (주유국) 동남쪽에 있는
데 선행船行으로 1년이면 도到달할 수 있다.」

1) '흑치국'은 실재(實在)하였는가?

『위지왜인전』(3세기 후반에 진수·陳壽 편찬)에는 주유국(朱儒國·난쟁이의 나
라)과 나국(裸國·벌거벗은 사람들), 흑치국(黑齒國·치아가 까만 사람들) 등 동화
에서나 들을 수 있는 이름의 나라들이 나오고 있다. 그래서 일본의 이노우
에 히데오(井上秀雄·동북대 명예교수)는 "'주유국' 등의 기사는 공상적인 기
사로서, 다분히 동쪽 끝에 있는 왜국의 동쪽에는 꿈과 같은 나라가 있다는
생각에서 쓴 것 같다"고 논평하였다.[1] 그러나 중국의 역대고전(古典)에서
는 「남만(南蠻)」, 「남이(南夷)」로서의 흑치(黑齒), 흑치족(黑齒族), '흑치국'

---

1) 井上秀雄,「中國·朝鮮·日本の倭族」『倭族と古代日本』, 雄山閣, 1995.

등에 관한 기사가 있는 것으로 보아 '흑치지국(黑齒之國)'의 역사는 꽤나 오래된 것으로 보인다.

중국에서는 특히 양자강(揚子江) 하류 이남의 지역에서는 사람들(주로 越族들)은 대부분이 빈랑(檳榔)이라는 나무 열매를 상시 씹기 때문에 이로 인해 이(齒)와 입술은 벌겋게 되었다가 후에는 검게 착색이 되어 '흑치인'이 된다고 한다.[2] 이러한 흑치족의 거주지는 중국 동남부로부터 서남부지역과 동남아시아 지역에까지 이른다고 한다.

『산해경山海經』권9 (해외동경·海外東經)

「黑齒國흑치국在其北, 爲人黑齒, 食稻식도, 啖蛇담사」

＿＿＿＿＿＿＿＿ 권14 (大荒東京)「有黑齒之國」

『여씨춘추呂氏春秋』권22 (구인·求人)

「禹東至… 鳥穀오곡, 靑丘之鄕, 黑齒之國」「南至交趾교지… 羽人우인, 裸나民居處, 不死之鄕」

『관자管子』권8 〈小匡〉

「南至吳오, 越월, 巴파, 牂牁장가… 雕題조제, 黑齒흑치, 荊夷之國」

唐代 房玄齡 注「皆南夷之國号也」

『박물지博物志, 异人』

「遠夷之民: 雕題조제, 黑齒흑치, 穿胸천금, 儋耳담이, 大足대족, 岐首기수」

---

2) 如宋·周去非<嶺外代答> 권6 "食檳榔"조. 說:「自福建 下四川 與廣東 西路皆 檳榔...每逢人測 黑齒朱脣」(上海 遠東出版社, 1996)

『사기史記·조세가趙世家』

「夫剪發文身문신, 錯臂左衽, 甌越구월之民也; 黑齒 雕題조제, 郤冠
秫絀, 大吳대오之國也」

2) 『삼국지(三國志)·위서(魏書)』 동이전·왜조로 본 '흑치국'의 방위

『위서(魏書)』는 여러 고전 중에서 '흑치국'의 방위에 대해서 비교적 구체
적으로 기록하고 있어서 그 위치를 추청 하는데 크게 참고가 된다.

「女王國 東渡海千余里, 皆倭種 又有朱儒國 在其南, 人長三四尺, 去女
王 四千余里 又有裸國, 黑齒國 複在其東南, 船行一年可至」

이 기록에 의하면 '흑치국'은 '나국'과 접해있는 것으로 보이는데, 주유국
(朱儒國)은 倭地에서 4,000여리(里)나 떨어진 곳에 있다고 하며(그곳이 어디
인지는 자세히는 알 수 없으나, 오늘의 오끼나와(沖繩) 또는 류규(琉球)열도가 아닌가 추
정한다), '나국'과 '흑치국'은 그곳에서도 동남으로 6000~7000여리(里)나 더
먼 곳에 있어 「선행(船行) 1년」이 소요되는 아득히 먼 곳에 있는 것으로 되
어 있다.

그러므로 대만의 량자빈(梁嘉彬) 교수와 이도학(李道學·한국전통문화대학
교) 교수는 '흑치국'이 '주유국'에서 동남방에 있다고 하니까, 「흑치국」의 소
재를 오늘의 필리핀(일원)에 비정하는 것 같고, 중국의 쉬후이(許徽·江蘇省사
회과학연구소소장)는 「흑치국은 '남양군도' 일대를 지칭하는 것」이라고 한다.

그러나 중국의 장빈(張斌·南京 박물원 역사연구소 소장)은 「초기의 흑치(黑
齒)는 양자강 유역에 있었으나, 漢대에 중국이 팽창하면서 그 일부는 절강

성(浙江省)과 동남아시아 방면으로 이동
하였다」고 해 흑치국의 월남(越南)과 광서
(廣西)지역으로의 이동을 시사한다.[3] 그
런데 '흑치국'의 위치 추정에 있어서 무엇
보다도 중요한 점은 '흑치국'은 '나국'과
접하고 있다는 사실이다. 그러므로 '나국'
이 어디인지 확인할 수 있다면 자연 흑치
국의 방위도 규명될 것이다. 이와 관련해
『양서(梁書)』나 『전당문(全唐文)』 등의 사

하노이 「베트남국립박물관」에 있는
월남 소수민족 중의 흑치를 한 한 여인상

캄보디아 「앙코르와트」 사원에 있는, 옛 裸國인의 병사 모습

---

3) Universal Encyclopedia(世界大百科辭典), 1979판, 「베트남인은 처음 중국의 양쯔강(揚子江) 유역에 거주하고 있다가 BC 3세기경 오늘의 동킹만(東京灣) 지방으로 이동하였다」

서는 「부남(扶南)」의 전신은 '나국'이라고 한다(扶南은 옛 '캄보디아' 지방의 나라). 그러므로 당시의 '나국'은 오늘의 월남(越南) 중남부와 '캄보디아' 지역을 그 영역으로 하고 있기 때문에 '흑치국'의 서계(西界·서쪽 경계)는 오늘의 북부 월남지역으로 보아야 할 것이다.

따라서 '흑치국'의 영역은 대체로 오늘의 통킹만(東京灣·舊北部灣) 연안의 월남 중북부지대 홍하(紅河) '델타'지역으로부터 동쪽으로 광서(廣西) 서남방지역에 이를 것으로 추정된다(여기에는 오늘의 百濟鄕 지역이 포함될 것이다).[4]

6. 백제향(百濟鄕)의 '장족'은 흑치족(黑齒族)의 후예

중국에는 수많은 소수민족이 살고 있는데, 그중 제일 큰 족속은 壯族(장족·옛 낙월駱越·서구西甌)인데, 인구는 약 1,700만 명이다. 이들은 원래 북방에서 온 족속으로, "자신들의 조상은 오랜 옛날 산동반도(山東半島 白馬河)에서 왔다고 하는데, 「장사」를 하려 왔다는 말도 있으며, 또한 「전쟁」 때문에 왔다"는 말도 있다고 한다.

『사기(史記)』에 의하면 장장(長江·양자강) 하류 이남에는 「百越(백월)」이 있다고 하는데, 그 뜻은 '월(越)' 나라에는 작은 월(越)나라들이 많이 있다는 뜻일 것이다.

---

4) (越南古籍)『嶺南摭徑』권1 <白雉傳>(載可來, 揚保筠校點, (中國)中州古籍出版社, 1991年)
「周成王時, … 周公問曰: 交趾短髮文身 露頭 跣足黑齒, 何由若是也?」
『嶺外代答』권2 <外國問上·安南國>「其國人烏衣黑齒」
『大明一統志』권90 <安南> "風俗" 「其人或椎髻, 或剪髮文身, 跣足口赤齒黑」

```
┌─────────────────────────────────────────────────────┐
│              〈 고대 월족(越族)들의 생활분포 〉                │
│                                                       │
│                              진시秦時        한대漢代       │
│   어월於越 - 절강浙江지방                              동구東甌    │
│                                      ┐                 │
│   민월閩越 - 복건福建지방             │   東甌      閩越東越    │
│                                      ┘                 │
│   양월揚越 - 강서江西지방                    揚越              │
│                                      ┐                 │
│   남월南越 - 광동廣東지방, 광서廣西지방   │             南越      │
│                                      ┘                 │
│   낙월駱越 - 안남安南지방(북부越南과 廣西서남)            서구西甌    │
│                                                       │
└─────────────────────────────────────────────────────┘
```

이중 안남(安南)지방을 근거로 하는 낙월(駱越 · Lac Viet)은 오늘의 장족(壯
族)의 조상으로서, 그들은 중국의 서남부지역과 북부 월남(越南)지역에서
오랫동안 자리 잡고 사러 온 토착민들이다. 중국 측 古史書에서 종종 언급
되는 '흑치족' 또는 「흑치지국」은 다름 아닌 이들 장족들의 조상을 가리키
는 말로써, 이곳의 장족은 그들의 후예인 것이다.

고래(古來)로 壯族을 부르는 이름은 시대에 따라 다양하게 변했는데, 『壯
族百科辭典』은 이를 다음과 같이 정리하고 있다.

古代的: 駱越낙월, 西甌서구

周, 秦時代: 駱越낙월, 西甌서구, 南越남월 或 濮복

漢代以後: 烏滸오허, 俚리, 僚료, 俍량 或 依人의인

南宋後: 僮壯; 布壯포장, 布越포월, 布土, 布人포인, 布依포의, 布沙포사

新中國(1950년 이후): 壯族

7. 나의 廣西 百濟鄉 방문기*

중국 광서(廣西)지역의 지도에는 「百濟 백제」라고 표기한 지명이 오래전부터 있었다. 이 지역은 오랫동안 「百濟墟 백제허」라고 불러왔지만, 우리는 그런 사실을 전혀 모른 채 오늘에 이르렀다. 그러나 수년 전 우리나라의 한 언론매체(KBS)의 한 프로그램에서 이 지역의 역사를 처음 보도함으로써 비로소 중국 속의 옛 백제(百濟)의 흔적을 알게 되었다.

… 송(宋)나라 이후의 남조(南朝)의 사서(史書)에는 으레 백제의 대륙진출 기사가 기록되었다. 그러니까 백제는 진말(晉末·서기 400년 전후)에 요서군(遼西郡)과 진평군(晉平郡)에 진출해, 「百濟郡 백제군」을 설치하고, 그 지역을 다스렸다고 한다(『양서(梁書)』 백제조 「晉末句麗旣略有遼東, 百濟亦据有遼西·晉平郡矣, 自治百濟郡」). 그러므로 당시의 백제는 상당히 큰 '해양세력'을 유지한 것으로 보인다. 이 광서(廣西) 지역의 「百濟墟 백제허」도 백제가 실제로 '진출'한 지역으로, '백제군'의 도읍지로 추정된다.

필자가 百濟墟를 百濟郡의 옛 도읍지로 추정하는 이유는 무엇보다도 '百濟墟'라는 지명 자체에 있다. 「사전」에 의하면, 허(墟)의 의미는 '성터(城攄)' 또는 '유적지'라고 한다. 이는 '百濟郡'의 옛 도읍지가 아니고서는 생길 수 없는 지명이다.

사실 필자가 오래전부터 이 지역을 찾아가 거기 사는 사람을 만나보고 싶었던 심정도 그러한 이유 때문이었다. 필자는 2002년 10월 초 계림(桂林)을 거쳐 동행할 사람(통역)을 대동하고 백제허로 들어갔다. 그곳은 단신(單身)

＊본고는『白山學報』제64호(2003. 2.)에 게재

으로는 여행할 수 없는 오지(奧地)마을이다.

필자는 계림(桂林)에서 고속버스 편으로 광서장족자치구(廣西壯族自治區)의 구도(區都)인 남령(南寧·난닝)을 거쳐 근교의 옹령(邕寧·웅닝)에 자리를 잡았다. 桂林—南寧간의 거리는 약 500km인데, 5시간 정도의 운행시간이 소요되었다. 버스는 비교적 새(新)차로 여행은 순탄한 편이었다. … 남령(南寧)의 외곽도시인 옹령(邕寧)에서 하루 밤을 지내고, 다음 날 아침 일찍이 '百濟鄕(面)'행 마을버스에 몸을 실었다. 아침날씨는 화창하고 선선한 편이었다. 그러나 이 지역은 '아열대지대'라서 하루에도 한두 차례씩은 '스콜·squall'이 온다는 말을 듣고, 미리 비(雨)를 대비한 차림을 갖추어 길을 떠났다. 이 지역 주민들의 생활도 볼 겸 나는 '마을버스'에 몸을 실었는데, 차체가 워낙 고물이라서 외국인이 여행하기에는 적합지 않은 편이었다.

그러나 최근에는 도로가 포장되어 교통사정이 좋아졌기 때문에 운행시간은 퍽 단축되었다. 百濟墟까지의 거리는 약 150km인데, 종전에는 3, 4시간 걸렸다고 하는데, 그 절반인 1시간 30분 정도를 달려 목적지에 도착할 수 있었다.

이 마을에 와서 큰 감명을 받은 것은 무엇보다도 마을 주민인 '장족(壯族)'들은 마을의 이름은 '백제허(百濟墟)'라고 쓰고, 이를 발음할 때는 우리말로 「대백제·大百濟·Daejbakcae」라고 한다. 글자 그대로 중국식 발음을 하지 않는 것이다. 오늘날 일본에서도 「百濟」라고 쓰고, 그것을 「구다라·くだら」라고 발음하는 것과 같은 현상이다. 일본 학계는 이 「구다라·くだら」의 어원을 밝히기를 꺼려하는데, 이는 '큰 나라'라는 우리의 고대어(古代語)에서 유래된 것으로 생각한다.

그 옛날 백제는 우리들의 상상을 초월하는 거대한 역사적 실체였던 것이다. 百濟鄕의 '장족(壯族)'들은 그들의 조상이 그랬던 것처럼 「대백제大百濟」의 위엄을 지우지 않은 채, 오늘날까지 이어오고 있다. 역사는 세월이 흘러감에 따라 서서히 사라지게 마련인데, 여기 「百濟墟」사람들은 「대백제」의 찬란한 영화를 「百濟墟」라는 고(古)지명으로 이어온 것이다. 「百濟墟」 주변에는 아직도 많은 古지명이 그대로 있다고 한다. 이 마을에서 그리 멀지 않은 단성(団城)이라는 작은 마을에는 옛 '성터'와 같은 유적이 있다고 하는데, 시간 관계로 들르지 못했다.

II.『수서(隋書)』의 「담모라국(躭牟羅國)」은 「百濟 附庸國」

雞多。不火食。厥田下人皆山居。有巨栗。每以四仲之月。
王祭天及五帝之神。立其始祖仇台廟於國城。歲四祠
之。國西南人島居者十五所。皆有城邑。平陳之歲。有一
戰船漂至海東躭牟羅國。其船得還。經于百濟。昌資送
之甚厚。幷遣使奉表賀平陳。高祖善之。下詔曰。百濟王
旣聞平陳。遠令奉表。往復至難。若逢風浪。便致傷損。百
濟王心迹淳至。朕已委知。相去雖遠。事同言面。何必數
遣使來相體悉。自今以後。不須年別入貢。朕亦不遣使
往。王宜知之。使者舞蹈而去。開皇十八年。昌使其長史
王辯那來獻方物。屬興遼東之役。遣使奉表。請爲軍導。

乾隆四年校刊　隋書卷八十一　列傳　七

帝下詔曰。往歲爲高麗不供職貢。無人臣禮。故命將討
之。高元君臣恐懼畏服歸罪。朕已赦之。不可致伐。厚其
使而遣之。高麗頗知其事。以兵侵掠其境。昌死。子餘宣
立。死。子餘璋立。大業三年。璋遣使者燕文進朝貢。其年。
又遣使者王孝鄰入獻。請討高麗。煬帝許之。令覘高麗
動靜。然璋內與高麗通和。挾詐以窺中國。七年。帝親征
高麗。璋使其臣國智牟來請軍期。帝大悅。厚加賞錫。遣
尙書起部郞席律詣百濟。與相知。明年。六軍度遼。璋亦
嚴兵於境。聲言助軍。實持兩端。尋與新羅有隙。每相戰
爭。十年。復遣使朝貢。後天下亂。使命遂絕。其南海行三

月。有躭牟羅國。南北千餘里。東西數百里。土多麞鹿。附
庸於百濟。百濟自西行三日。至貊云。

新羅

新羅國。在高麗東南。居漢時樂浪之地。或稱斯羅。魏將
毋丘儉討高麗。破之。奔沃沮。其後復歸故國。留者遂爲
新羅焉。故其人雜有華夏高麗百濟之屬。兼有沃沮不
耐韓獩之地。其王本百濟人。自海逃入新羅。遂王其國。
傳祚至金眞平。開皇十四年。遣使貢方物。高祖拜眞平
爲上開府樂浪郡公新羅王。其先附庸於百濟。後因百
濟征高麗。高麗人不堪戎役。相率歸之。遂致强盛。因襲

乾隆四年校刊　隋書卷八十一　列傳　八

百濟附庸於迦羅國。其官有十七等。其一曰伊罰干。貴
如相國。次伊尺干。次迎干。次破彌干。次大阿尺干。次阿
尺干。次乙吉干。次沙咄干。次及伏干。次大奈摩干。次奈
摩。次大舍。次小舍。次吉土。次大烏。次小烏。次造位。外有
郡縣。其文字甲兵同於中國。選人壯健者悉入軍。烽戍
邏俱有屯管部伍。風俗刑政衣服。略與高麗百濟同。每
正月旦相賀。王設宴會。班賚羣官。其日拜日月神。至八
月十五日。設樂。令官人射。賞以馬布。其有大事。則聚羣
官詳議而定之。服色尙素。婦人辮髮繞頭。以雜綵及珠
爲飾。婚嫁之禮。唯酒食而已。輕重隨貧富。新婚之夕。女

『隋書』卷八十一列傳(百濟傳)

1. 『수서』권81 열전(列傳) 백제전의 명문(釋文)

[釋文]

백제의 선대先代는 고구려국高句麗國에서 나왔다. … 동명東明의 후손에 구대仇台라는 자가 있으니, 매우 어질고 신의가 두터웠다. 그가 대방帶方의 옛 땅에 처음 나라를 세웠다. 한漢의 요동태수 공손도遼東太守 公孫度가 딸을 주어 아내로 삼게 하였으며, 나라가 점점 번창하여 동이東夷 중에서 강국이 되었다. 당초에 백제가 바다를 건너왔다濟고 해서 [나라 이름을] 百濟라 불렀다. …

관직官職은 16품계가 있다. 제일 높은 것은 佐平좌평이며, 그다음은 大率대솔·恩率은솔·德率덕솔·杆率간솔·奈率내솔·將德장덕으로 [이상은 모두] 紫帶자대를 두른다. …

진陳을 평정한 해에 한 전선戰船이 표류하여 바다 동쪽의 담모라국躭牟羅國에 닿았다. 그 배가 본국으로 돌아올 적에 백제를 경유하니, 여창餘昌이 필수품을 후하게 주어 보냈다. 아울러 사신使臣을 보내어 표문表文을 올려 진陳을 평정한 것을 축하하였다. 고조高祖는 조서詔書를 내려, 백제왕이 陳을 평정한 소식을 듣고 멀리서 표문을 올려 축하하였으나, 王은 이제부터는 해마다 따로 조공을 바칠 것이 없소. 짐朕도 사신을 보내지 않으리니, 王은 알아서 하시오. … 대업大業 10년614·백제 무왕15에 다시 사신을 보내 조공을 바쳤고, 그 뒤로는 천하가 어지러워져 마침내 사명使命이 끊겼다. …

그 나라의 남쪽에서 바다로 석 달三月을 가면, '담모라국躭牟羅國'이 있는데 남북으로는 천 여里 이고 동서로는 수 백里이며, 토산물로는 노루와 사슴이 많다. 백제에 부용附庸되어 있다. …

❍ 표류한 한 戰船은 어느 나라의 배인가?

「담모라국」에 표류했다는 전선(戰船)에 대해 학계의 다수는 수(隋)나라가 陳(진)나라를 공격할 때, 동원된 隋나라의 병선(兵船)이 어쩌다 제주도(濟州島)까지 표류한 것으로 보고 있다. 그러나 이 전선을 隋나라의 것으로만 볼 수 있는 근거는 어디에서도 찾아볼 수가 없다. 『수서』가 전선의 표류 사실을 유독 「백제조」에 기록한 까닭은 그 배의 주체가 백제였기 때문일 것이다. 이게 隋나라의 병선이라면, 당시의 사정으로 보아 병선을 고쳤다면, 곧 隋나라로 돌아가야지, 백제 본국을 경유해서 갈 필요가 없는 것이다. 사실 隋나라에는 규모가 큰 병선을 갖은 일도 없고, 陳나라를 평정하고 비로소 '東海(동해·黃海의 옛 이름)'로 나오게 된 것이다.

2. 『삼국사기』 권27 백제 위덕왕(威德王) 36년조
— 『수서』 기록의 전재는 미흡하다

三國史記卷第二十七　百濟本紀第五 (威德)

三十三年。遣使入陳朝貢。

三十六年。隋平陳。有一戰船漂至耽牟羅國。其船得還。經于國界。王資送之甚厚。并遣使奉表賀平陳。高祖善之。下詔曰。百濟王旣聞平陳。遠令奉表。往復至難。若逢風浪。便致傷損。百濟王心迹淳至。朕已委知。相去雖遠。事同言面。何必數遣使來相體悉。自今已後。不須年別入貢。朕亦不遣使往。王宜知之。

三十九年秋七月壬申晦。日有食之。星孛于角亢。

四十一年冬十一月癸未。

四十五年秋九月。王使長史王辯那入隋朝獻。王聞隋興遼東之役。遣使奉表請爲軍道。帝下詔曰。往歲高句麗不供職貢。無人臣禮。故命將討之。高元君臣恐懼畏服歸罪。朕已赦之。不可致伐。厚我使者而遣之。高句麗頗知其事。以兵侵掠國境。冬十二月。王薨。羣臣謚曰威德。

惠王。諱季。明王第二子。昌王薨。即位。

二年。王薨。諡曰惠。

法王。諱宣(或云孝順)。惠王之長子。惠王薨。子宣繼位(隋書以宣爲昌王之子)。

『삼국사기』 권27 백제본기 제5(威德王)

『삼국사기』에는 담모라국(躰牟羅國)의 방위가 보이지 않는다

「基南海行三月, 有躰牟羅國, 南北千餘里, 東西數百里,

土多麈鹿, 附庸於百濟. 百濟自西行三日, 至貊國傳.」

[해설]

『삼국사기』의 편자는 『수서隋書』 기록의 전재轉載에 있어서, '담모라국躰牟羅國'의 방위方位에 관한 구절이 삭제되었다. 그러므로 『삼국사기』를 읽는 독자는, '담모라국'의 진실을 볼 수가 없게 되었다. 『삼국사기』의 역자김종권와 같이 「전선이 탐모라耽牟羅·耽羅 곧 濟州 …」에 표착하였다라고 해, 躰牟羅國을 제주도濟州島로 이해하게 되므로, 해석자들에게는 큰 문제를 제기하는 것이다. 결국 『삼국사기』를 읽는 독자는 「담모라국」에는 갈 수가 없는 것이다.

'담모라국(躰牟羅國)'으로 가는 길

『수서』 '躰牟羅國'의 방위(필자추정)　琉球(대만)의 포록도(捕鹿圖·청대의 그림)

3. 「수서」의 '담모라국(躭牟羅國)'은 어디인가?

1) 학계의 견해(대부분이 濟州島로 보고 있음)

① 최동(崔棟·고대사 연구가)

「신흥한 수(隋)나라가 진(陳)나라를 정벌하고, 陳의 파손된 전선(戰船)이 제주도에 표류한 것을 위시하여 심상치 않은 사태가 발생하였다.」

② 문정창(文定昌·고대사 연구가)

「진(陳)나라와 싸운 수(隋)나라의 군선(軍船) 한 척이 제주도에 표착하였는데, 백제는 이를 후하게 대우하고 돌려보냈기 때문에, 수(隋) 문제(文帝)는 크게 만족하였다.」

③ 이병도(李丙燾·서울대 명예교수)

「『삼국사기』에는 탐라(躭羅·躭牟羅國)으로 되어 있고, 『일본서기』에는 침미 다례(忱彌多禮·躭羅)로 되어 있다. 탐라(躭羅)의 명칭은 삼국시대 이래의 칭호로 혹은 탐모라(躭牟羅·一作 躭牟羅)·탐라(躭羅) 등의 서칭(書稱)이 있다. … 」

④ 김선욱(金善煜·충남대 교수)

「소속과 출발지 및 경로 등을 알 수 없는 한 수선(隋船)이 제주도까지 표류해온 일이 있었다. … 」

⑤ 도리고시 겐사부로(鳥越憲三郎·大阪敎育大學 명예교수)

「진(陳)나라를 평정한 隋나라가 중원(中原)을 통일하던 해에 한 척의 전선이 탐라국(躭羅國·지금의 제주도)에 표착했는데, 백제왕이 이를 隋나라에 반송했다는 것이다.」

⑥ 진순신 (陳舜臣·일본의 역사작가)

「수(隋)나라가 남조(南朝)의 진(陳)을 쳤을 때, 한 군선(軍船)이 '제주도(濟州島)'에 표착한 사건이 있었다. … 」

⑦ 문경현 (文暻鉉·경북대 명예교수)

「이 주호국(州胡國·별칭 제주도)이 언제부터 탐모라(耽牟羅)국으로 호칭되었는지는 알 수 없으나, … 중국 측 기록상으로는 593년 탐모라(탐라·耽羅)국이 국제무대에 나타났다.」

⑧ 김성호 (金聖昊·고대사 연구가)

「『수서』 백제전에 탐라(耽羅)가 탐모라(耽牟羅)로 기재된 것은 이때까지 초기 지명이 사용되었음을 의미한다.」

⑨ 유원재(兪元載·공주교대 교수), 이도학(李道學·한국전통문화대학교 교수)
담모라국을 제주도로 보고 있으며, 따라서 『수서』의 「남해항3개월」을 「남해항3일」의 오기로 본다.

2) 「담모라국(躭牟羅國)」은 제주도(濟州島)로 비정할 수 없다

① 『수서』의 기록

남북 : 千(천)여리, 동서 : 數(수)백리

남해항(백제에서) : 3개월

② 대만(臺灣)의 지리교과서

남북 : 960리(580㎞), 동서 : 300여리(140㎞)

남해항(백제에서) : 3개월 걸릴 것임

③ 제주도(濟州島)의 지리

남북 : 90리(30여㎞), 동서 : 200여리(80여㎞)

육지(목포 등)에서 3~4일의 항해

3) 필자의 견해

상기 『수서』의 기록과 대만의 한 지리교과서는 놀랍게도 일치하는 것으로 보아 『수서』의 담모라국은 다름 아닌, 오늘날의 대만(臺灣·당시의 夷州)으로 보아야 한다.

『양직공도』(梁職貢圖·530년경 제작)에 의하면, 백제는「邑(읍)」을 담로(檐魯)라고 하는데, 중국의「군현(郡縣)」의 크기와 같다고 한다. 백제는 22개의 담로가 있다고 하는데 거기에 자제종족(子弟宗族)으로 봉한다고 한다. 『수서』의「담모라국」이나 당시 제주도의 옛 지명 탐모라(耽牟羅)는 모두 담로의 사음(寫音)으로 같은 담로인 것이다. 백제는 당시 이러한 담로를 22개나 가지고 있다고 하니, 지금의 대만(臺灣)도 그러한 담로국의 하나로 볼 수 있는 것이다.

4. 『일본서기』 제명기(齊明紀) 7년(659)조

 - 견당·遣唐 유학생 伊吉連博得의 경험담

〔五月乙未朔癸卯, 天皇遷居于朝倉橘廣庭宮. 是時, 斬除朝倉社木, 而作此宮之故, 神忿壞殿. 亦見宮中鬼火. 由是, 大舍人及諸近侍, 病死者衆. ○丁巳, 耽羅始遣王子阿波伎等貢獻. 伊吉連博得書云, 辛酉年正月廿五日, 還到越州. 四月一日, 從越州上路, 東歸. 七日, 行到檉岸山明. 以八日鷄鳴之時, 順西南風, 放船大海. 海中迷途, 漂蕩辛苦. 九日八夜, 僅到耽羅之嶋. 便即招慰嶋人王子阿波伎等九人, 同載客船, 擬獻帝朝. 五月廿三日, 奉進朝倉之朝. 耽羅入朝, 始於此時. 又, 爲智興傔人東漢草直足嶋, 所讒, 使人等不蒙寵命. 使人等嘥怨, 詣于上天之神. 感嘥死足嶋. 時人稱曰, 大倭天報之近. ○六月, 伊勢王薨. ○秋七月甲午朔丁巳, 天皇崩于朝倉宮.〕

『일본서기』 제명기(齊明紀) 7년(659)조

『일본서기』(齊明紀) 7년(659) 5월조의 한 기사는 당시 한 견당유학생 이길련박득(伊吉連博得) 일행이 동지나 해상에서 태풍을 만나 배는 지금의 대만(臺灣?)·『수서』의 담모라국(躭牟羅國)에 도착했다는 것을 시사하는 내용이다.

「견당유학생 伊吉連博得 일행은 659년 7월 3일, 倭의 難波나니와의 三津浦삼진포·大阪지방의 한 포구를 떠나 항해 도중 많은 고초를 겪고, 9월 16일 唐나라의 월주만越州灣에 도착하였다고 한다. 일행은 상륙 후 여러 날을 이동하고, 10월 30일 東京지금의 洛陽에서 天子천자를 알현하였다.『서기』의 기록은 「天子」는 "일본국 왕실은 倭王을 말하는 것 같음은 편안히 계신가?"라고 물었다 함. 사신이 삼가 답하여, "天子의 덕을 합쳐 스스로 편안함을 얻었습니다"라고 말하였다 함. 11월 1일 일행은 조정에서 모임이 있었고, 12월 3일의 모임에서는, 조정은 天子의 勅칙으로 "국가는 내년660에 반드시 '海東해동·백제를 의미하는 것'에 쳐들어갈 것"이고, 그대들은 '東동·倭國을 뜻하는 것'으로 돌아가지 못할 것이다"라고 말하였다고 함.」

이 말을 전해 들은 일행은 서둘러 낙양(洛陽)을 빠져나와 귀국길에 올라, 660년 1월 25일 越州(월주)로 돌아왔다고 함. 그리하여 4월 1일 越州로부터 상로(上路)로 東에 돌아오려 하였다. 4월 7일 새벽에 수암산(須巖山) 남쪽에 도착하였다. 다음날(4월 8일) 새벽에 서남풍을 따라 배는 大海(대해·오늘날 동지나해)로 나갔다. 그러나 海中에서 길을 잃어 표류하여, 신고(辛苦)를 겪었으며, 배는 8박 9일의 표류 끝에 '탐라도(耽羅島)'에 도착하였다고 한다.

「그곳 島人王子 阿波伎아파지 등이 9人을 초대하고 위로하여 같이 客의 배에
태워 조정倭에 가려고 하였다. 660년 5월 23일 조창朝倉의 조정에 나아갔다.
탐라耽羅가 입조入朝한 것은 이때가 처음이다」

여기의 '탐라도(耽羅島)'는 우리의 제주도(濟州島)의 표기와 유사하나, 이
것은 濟州島가 아닌 것만은 분명하다. 왜냐하면, 배가 항주만(杭州灣)에서 9
일간의 표류 끝에 濟州島에는 갈 수 없기 때문이다. 결국 이들이 도착한 곳
은 백제부용국(百濟附庸國)인 「담모라국(躰牟羅國)」이 맞는 것 같다. 당시 夷
州(이주·수나라 때의 대만·臺灣의 지역명)의 지역의 이름으로 주민들은 「담모
라국」이라는 용어를 쓰고 있었던 것으로 보인다.

III. 「칠지도(七支刀)」는
百慈王이 侯王(倭王 旨)에게 준 증표

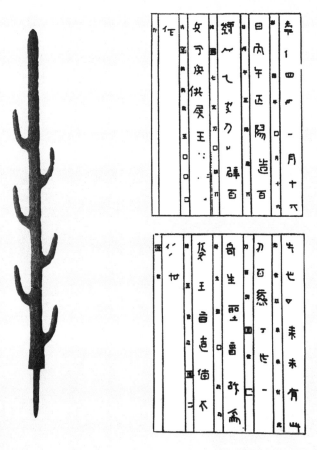

石上神宮의 七支刀 실물   七支刀 명문(실사)

「七支刀」는 백자왕(百慈王·百濟王)이 자신의 후왕(侯王)인 '왜왕 지(倭王旨)'에게 백제왕가에서는 아직 갖은 바 없다는 귀중한 보도(寶刀)를 하사한 것이다. '倭王 旨'는 이 칼을 가지고, 370년대(?)에 '한성(漢城)' 백제를 떠나 임지인 왜지(倭地)로 행했을 것이다. 이 칼의 명문을 통해서 볼 때, 백제는 일찍이 왜국(倭國)에 자신들의 후왕(侯王·자제종족)을 「왜왕(倭王)」이라는 직함으로 봉해서 통치했다는 사실을 알 수 있다. 그러므로 전지왕(腆支王)은 유년 시(397년경)에 倭地에 「질(質)」로 왔다는 『삼국사기』(백제본기) 권2와 『일본서기』(인덕기·仁德紀) 권11의 기록은 재검토하여야 한다.

七支刀를 안치한 이소노가미진구(石上神宮)

신사배전(神社拜殿)

石上神宮의 신고(神庫) (칠지도 안치 장소)

栃木縣 小山市에서 발굴된
「제2의 七支刀」

福岡縣 瀬高町「こうヤノ宮」의
어신체「제3의 七支刀?」

1. 칠지도(七支刀) 명문의 판독

(釋文)

泰△四年 △혹은 四, 五月 十六日의 병오정양丙午正陽의 때에 백련百鍊의 쇠鐵로 七支刀를 만든다. 이것으로써 백병百兵을 피제辟除하고 후왕侯王의 공용供用에 마땅하고 ……… 作

선세先世이래 아직 갖은 일이 없는, 이 칼은 백자왕百慈王 世世로 기생성음奇生聖音·길상어함으로 '왜왕 지倭王 旨'를 위해 만드니 길이 후세에 전할 것이다.

石上신궁 七支刀명문(일본봉설)

칼뒷면

奇生聖音故爲倭王旨造傳示後世
先世以來未有此刀百慈王世□

칼앞면

泰□四年□月十六日丙午正陽
造百練鋼七支刀生辟百兵
宜供供矣王□□□□作

『일본서기』 신공기(神功紀) 52년(372)조 (七支刀는 초고왕·肖古王이 「헌상」)

〔五十二年秋九月丁卯朔丙子, 久氐等從千熊長彦詣之. 則獻七支刀一口·七子鏡一面, 及種種重寶. 仍啓曰. 臣國以西有水. 源出自谷那鐵山, 其邈七日行之不及. 當飮是水, 便取是山鐵, 以永奉聖朝. 乃謂孫枕流王曰, 今我所通, 海東貴國, 是天所啓. 是以, 垂天恩, 割海西而賜我. 由是, 國基永固. 汝當善脩和好, 聚歛土物, 奉貢不絕, 雖死何恨. 自是後, 每年相續朝貢焉.〕

(釋文) [내용은 심히 왜곡(歪曲)되어 있다]

52년 秋 9월 丁卯朔 丙子10일, 구저久氐들이 천웅장언千熊長彦에 따라왔다. 七支刀 一口, 七子鏡경·거울 一面 및 각종의 중보를 바쳤다. 이어 말하여, "신의 나라의 서쪽에 강이 있습니다. 수원은 곡나谷那·谷山인 듯 철산에서 나오고 있습니다. 그 먼 곳은 7일을 가도 이르지 못합니다. 이 물을 마시고 이 산에서 제철하여, 길이 성조聖朝에 바치겠습니다"라고 말하였다. 그리고 손자인 침류왕枕流王·384~395에 일러, "지금 내가 통하고 있는 해동의 귀국은, 하늘 이 열어주신 바이다. 이로써 천은을 내리시고, 해서를 떼어 나에게 주셨다. 이 때문에 국기가 영원히 단단하다. 너도 마땅히 화호和好를 거두고, 토산물을 모 아서 봉헌하기를 끊이지 않는다면, 죽어도 한이 없다"라고 말하였다. 이후 매년 계속하여 조공하였다.

일본학계(소수)의 신공기(神功紀) 비판

『日本史用語事典』(東京, 1993) : 神功皇后(신공황후)
『일본서기』에 의하면, 중애천황(仲哀天皇·192~200)의 황후(皇后), 천황(天 皇)의 급사 후 조선(朝鮮)에 출병해 신라를 치고 백제, 고구려를 복속했 다는 중심인물. 기·기(記·紀) 편찬 시 의도된 가공인물이라고 생각한다.

淹音能之, 『古事記, 22の謎の收集』, (靑春文庫, 2012. 8)
神功皇后(신공황후·201~269)의 조선반도 평정전승(平定傳承)은 구체적인 기술을 전혀 볼 수가 없고, 역사적인 사실로 보기는 어렵다. 그리고 이것 은 신공황후의 실재성에도 의문이 가는 것이다.

2. 칠지도(七支刀) 명문은 하행문(下行文)

1) 명문을 처음 본 管 政友

명치(明治)시대의 저명한 관(官)학자 스가 마사도모(管 政友·1824~1897) 가 칠지도를 어신체(御神體)로 모시고 있는, 석상(石上·이소노가미)신궁의 대 궁사(大宮司)로 임명된 것은 1873년의 일이다. 그는 그곳에 부임한지 1년이 되는 1874년 8월에 「칠지도 명문」을 대하게 되었다.

1874년 8월 대궁사 스가(管 政友)는 아직껏 외부인의 침범을 허용한 일이 없다고 하는 신궁안의 금족지(禁足地)에서 검(劍)과 곡옥(曲玉) 등을 찾아냈고, 또한 근처에 있는 신고(神庫)에서는 칠지도를 찾아내는 데 성공하였다. 그런데, 이 칼에는 녹이 많이 슬어 있었다고 하며, 이것을 제거하는 과정에서, 도면(刀面)에 금상감(金象嵌)으로 새겨진 글자가 있다는 사실을 그는 알게 되었다고 한다.[5] 그러나, 칼이 워낙 오래되었고, 금상감 자체도 일부 상처를 입고 있어, 그 명문이 무엇인지를 잘 알아볼 수 없었다고 한다. 다만, 명문을 통해서 그가 느낀 것은 "이 칼이 삼한(三韓)에서 만들어진 것은 의심할 여지가 없으나, 연호의 글자는 흐리게 보여 알 수가 없었다"고 한다.

그리고, 그 연호의 「첫째 글자는 泰(태)자이고, 둘째 글자는 인편(人偏)으로 보이나, 확실치는 않아 始(시)자의 반이 남은 것」으로 보았다고 한다.[6]

2) 명문의 판독

그와 같이 불분명한 상태로 세상에 알려진, 칠지도 명문[7]은 그 후 여러 학자에 의한 계속된 조사와 실측을 통해서, 오늘과 같은 명문으로 판독하게 되었다.

(앞면) 泰△四年 △月十六日 丙午正陽造百練鋼七支刀 生辟百兵

---

5) 管 政友 全集, 雜稿二 (大和國石上神宮 寶庫所藏 七支刀), 참조.

6) 管 政友 全集, 雜稿二, 雜稿三 (任那考), 참조.

7) 管 政友가 판독했다는 명문:「泰始四年 △月十日 丙午正陽 造百練△ 七支刀 △辟百兵 △ 供△△△△△△作 先世以來 未有此刀 百△△△△△ 生聖晉 △爲△王△造 傳示△世」

宜供供 侯王△△△△作

　(뒷면) 先世以來 未有此刀 百慈王世△奇生聖音 故爲倭王旨造 傳示後世[8)]

　七支刀 명문의 금상감(金象嵌)은 상대의 것으로는 비교적 정교한 편이라
는 것이 학계의 공통된 의견인데, 명문은 도면(刀面) 앞면에 34자, 그리고
뒷면에 27자 도합 61자이나, 그중 7개자는 글자의 훼손이 심해 전혀 자체
(字體)를 알아볼 수 없으나, 다른 8개자는 자획(字劃)이 확실치 않을 뿐 자체
는 그런대로 알아볼 수가 있다.

　그런데, 이 불분명한 글자중의 일부는 스가 마사도모(管 政友) 자신이 도
면의 녹을 제거하는 과정에서 고의로 삭제한 것이라고 하는데, 그것은 칠지
도의 제작연대와 관계가 있는, 연호인 『泰(태)』자 다음의 글자(泰△四年)와
칠지도 제작과 관련이 있는 것으로 보이는, 후왕(侯王) 다음의 4개자(「侯王
△△△△作」)라고 한다.[9)]

3. 일본학계의 칠지도 명문의 해석 – 칠지도는 백제왕의 헌상품

　칠지도 명문의 해석에 있어서, 일본학계의 대다수는 한결같이 명문이 훼
손되어, 잘 알 수 없는 七支刀의 제작연대부터 확정해야 한다고 한다. 그리
고 그 연대의 추정에 있어서는 아무 근거도 없이 「泰△」를 중국 황제의 연

---

8) 保坂三郞, 『古代鏡文化の硏究』(東京 : 雄山閣, 1986), pp.141~142 참조.

9) 李進熙(李基東譯), 『廣開土王碑의 探究』(서울 : 一潮閣, 1982년), p.153.
　 椹本杜人, 『朝鮮の考古學』(東京: 同朋舍 出版, 1980), pp.273~281 참조.
　 保坂三郞 전게논문, p.142 참조.

호라고 단정하고, 그것으로써 『일본서기』 신공기(神功紀)에 꿰맞추는 불합리한 해석을 하고 있다.[10]

1) 스가 마사도모(管政友) 등의 초기 해석

七支刀의 제작연대 추정에 있어서, 초기 해석자인 스가 마사도모(管政友)는 「태(泰)」자로 시작되는, 명문의 연호는 서진(西晋) 무제(武帝)의 「태시(泰始)」로 보아야 한다고 하고, 「泰始 四年」은 『일본서기』 신공기 52년 조의 「칠지도 헌상」과 관련이 있을 것으로 보았다. 그러나 「泰始 4年」은 서기 268년이고, 신공(神功) 52년은 252년의 일로서, 칠지도는 만들기도 전에 헌상되었다고 하는 우스운 결과가 되므로, 결국 그는 『서기』를 근거로 한 「칠지도 헌상」을 성립시키지 못했다.[11]

스가 마사도모에 의한 그와 같은 시도는 그의 사후死后에도 호시노 간星野 恒·七支刀考, 다가하시 겐지高橋健自·在銘最古日本鏡 등등 당대의 원로학자들에 의해 계승되었다. 그러나 그들도 이렇다 할 성과 없어, 스가管가 제시한 서진西晉 연호인 「태시泰始」와 「태초泰初」의 범주를 벗어나지 못했다.

2) 후쿠야마(福山敏男)의 해석 (일본통설) - 七支刀는 백제왕의 헌상품

후쿠야마는 1951년에 발표한 논문(石上神宮の七支刀)에서 그동안 판독이

---

10) 일본학계가 年號 문제에 있어서, 百濟 年號의 독자성을 인정하지 않은 이유는, 무엇보다도 銘文에 있는 「百慈王」과 「侯王」(倭王 旨)과의 관계를 단절하고, 나아가 「百慈王」 스스로를 中國 皇帝의 「侯」나 또는 그 이하의 신분으로 전락시키려고 하는 저의라고 본다.

11) (管政友 全集, 雜稿 二, 三) 참조.

어려웠던 「侯王(후왕)」과 「倭王(왜왕)」이라는 두 어휘를 새롭게 읽을 수 있도록 하였다. 또한, 연호 문제에 있어서도 그는 그동안 일본학계의 '고민'거리였던, 서진(西晉) 연호의 벽을 넘어, 동진(東晉)의 「태화(太和)」라는 새로운 연호를 끌어들여, 해석의 폭을 넓혔다.

그는 한(漢)자의 「泰(태)」자와 「太(태)」는 같이 통용됨으로 명문의 연호를 「泰和(태화)」로 볼 수 있다는 것이다. 이는 동진(東晉) 연호인 「太和(태화)」로 읽어도 무방하다는 것이다.[12] 그러므로 七支刀의 제작연대는 동진 해서공(海西公)의 「太和(태화) 4년」으로 추정하게 되는데, 이것은 서기 369년의 일로서 『일본서기』(신공기)의 「칠지도 헌상」(372년)은 간지2운(干支二運)만 끌어내리면, 잘 들어맞는다는 것이다.

후구야마의 명문 해석이 좋다는 이유로 일본학계의 큰 호응을 받게 되었으며, 지금은 일본학계의 「통설」로 군림하고 있다. 그가 시도한 명문의 석문은 아래와 같다.

태화泰和 4년 정혹은 4, 5월 11일 혹은 16일의 순양일중純陽日中의 때에
백연百練의 무쇄鐵로 七支刀를 만든다. 이것으로써 백병百兵을 벽제辟除하고
후왕侯王의 공용供用에 마땅하고 ……… 作
선세先世 이래 아직 본 일이 없는, 이 칼을 백제왕百濟王과 왕세자王世子는 같이 生을 어은御恩에 의의依倚하고 있기 때문에, 왜왕倭王의 상지上旨에 의해서 만드니 길이 후세에 전할 것이다.

___

12) 金錫亨에 의하면, 「泰和」라는 연호는 중국에 없었다고 한다. 그러나 栗原朋信은 東晉 海西公의 초기 연호는 「泰和」이나, 후일 「太和」로 변한 것이라고 주장하나, 근거의 제시는 없다(金錫亨, 『초기 조일관계연구』, 1966, p.195).

이와 같이 명문에도 없는 기발한 해석으로, "七支刀는 「백제왕과 왕세자」가 「생(生)」을 어은(御恩·倭王)에 의의(依倚)하고 있기 때문에」, 「왜왕의 상지(上旨)에 의해」 공동으로 「헌상」한 것이다"라고 주장한다. 이 때문에, 그의 해석은 신공기(神功紀)의 七支刀 헌상기사와 잘 부합된다는 것이다.

4. 칠지도(七支刀) 명문의 해석 – 칠지도는 백제왕의 하사품

1) 七支刀 전후 면에는 도합 61자의 명문(銘文)이 은(銀)상감되어 있는데, 거기에는 이 칼의 '제작연대(泰△四年)'와 '제작주체(百慈王·百濟王)' 그리고 '제작객체(칼의 수령자·倭王 旨)' 등을 확인할 수 있는 글귀가 들어있다.

2) 그러나 이 칼을 이소노가미(石上) 신궁의 신고(神庫)에서 제일 먼저 본 궁사(宮司) 스가 마사도모(管 正友)는 이것을 본 순간 고의로 글자 몇 자를 훼손하였다(예, 제작 연대의 일부)고 한다. 그로 인해 명문은 해석상 다소의 어려움이 있으나, 전체를 읽는 데에는 하등의 지장이 없는 것으로 본다.

3) 명문의 해석에 있어서 유의할 점은 칼 뒷면의 글귀 중 「… 百慈王世△寄生 …」인데, 다수의 해석자들은 이것을 「… 百慈王世子 …」, 즉 百濟王世子 또는 百濟王과 王世子로 읽는데, 그것은 잘못된 것으로 본다. 왜냐하면, 당시 백제왕가에는 '王世子'라는 제도는 없고, 다만 王子 또는 太子가 있었을 뿐이다. 만약 이것을 「百濟王世子(백제왕세자)」로 읽는다고 한다면, 七支刀는 백제 侯王들에게 주는 권력의 증표가 될 수 없는 것이다. 그러므로 여기에서는 반드시 「百濟王世世」로 읽어야 할 것이다.

4) 명문은 이렇게 읽을 수 있다.

（전면）

"泰和四年△月十六日 병오일의 정오에 무쇠를 백번을 두들겨서 七支
刀를 만든다. 이 칼은 재앙(百兵)을 피할 수 있어, 마땅히 후왕들에게
줄만하다.

（후면）

선세(先世)이래 아무도 이런 칼을 가진 일이 없는데, 백제왕(百慈王)은
세세(世世)로 기생성음함으로, 倭王 旨(왜왕 지)를 위해 이 칼을 만든
다.13) 후세에 길이 전할 것이다."

5.「왜왕 旨(지)」 그는 누구인가?

칠지도 명문에서 「왜왕 旨(지)」를 후왕이라고 부르고 있는 대왕은 자신
을 「백자왕(百慈王)」으로 미화하고 있으며, 또한 후왕에게는 「선세(先世)」니
「후세(後世)」 그리고 「세세(世世)」14)와 같은 왕가종친 사이에서나 쓸 수 있
는 언어로 대하고 있다. 거기에다, 백자왕은 아직까지 아무도 가진 일이 없
다고 하는, 절묘한 칠지도를 그에게 사(賜)하고 있으니, 이것을 받은 후왕

---

13) 倭王 旨는『宋書』에 나오는 '五倭王' 이전의 인물로 보인다.『宋書』倭傳에는 「倭王 讚」「倭
王 珍」「倭王 濟」「倭王 興」「倭王 武」 등의 이름이 기록되어 있으며, 이들은 모두 황제에 表
를 올려, 「將軍號」를 수령하였다고 한다. 이들의 이름이 단자(單字) 명으로 된 것으로 보아,
이들은 백제왕가의 인물들이 확실하다. 필자는 「倭王 武는 소년 斯麻君」이며, 「倭王 興은 琨
支君 그리고 「倭王 濟는 蓋鹵王의 청년 시의 인물로 비정한 바 있다.

14) 무령왕의 시대와 같은 시대의 것으로 보이는 辛亥年銘 稻荷山古墳出土大刀에는 「世世」
자가 있다.

(侯王·왜왕 旨)은 도대체 어떠한 인물인지 궁금해진다.

칠지도 명문에서 보는 「왜왕」의 이름은 「지(旨)」라고 하는 단자(單字)명 왕명인데, 이것은 역대 백제왕가의 단자 명 왕명인 여순(餘句·近肖古王), 여영(餘映·典支王), 여비(餘毘·毘有王), 여경(餘慶·蓋鹵王)과 여곤(餘昆·左賢王)과 같은 것으로, 그는 다분히 백제왕가의 성원의 한사람으로 보인다. 그가 백자왕과 어떠한 종친 관계에 있는지는 자세히 알 수 없지만,[15] 분명히 그는 백제 「골족(骨族)」의 신분으로서 「여지(餘旨)」라고 하는 이름으로서, 행세한 인물이었을 것이다. 그리고 그가 백자왕의 후왕이라고 하는 사실로 미루어 보아, 그는 「餘旨」라는 외자이름 외에도, 『일본서기』에 나오는 백제태자(太子)들의 이름과 같은 「가스리군(加須利君)」, 「군군(軍君)」과 「사아군(斯我君)」이라고 하는 「군(君)」자의 호명도 마땅히 가지고 있었을 것으로 보인다.

한편, 5세기 중국 사서에는, 이른바 「왜 5왕(倭五王)」이라고 하는 「왜왕 讚(찬)」을 위시한 「珍(진)」, 「濟(제)」, 「興(흥)」과 「武(무)」 등 왜 5왕의 이름이 나오고 있는데, 이들의 이름은 한결같이 백자왕의 후왕인 왜왕 旨의 이름과 같은 것으로, 그것은 백제왕가의 단자 명 왕명으로 보아야 할 것이다. 그러므로, 이들 「왜 5왕」과 「旨(지)」와의 관계를 생각해보지 않을 수가 없다. 이들 모두는 「旨」와 같은 백제왕가(家)의 단자 명 왕명인데다, 「왜왕(倭王)」이라고 하는 공통된 국명의 왕호(王號)까지 가지고 있어, 「왜 5왕」은 「旨」와 같은 백제 「골족」으로 보아야 하며, 「旨」의 뒤를 이어 백제왕의 후왕으로서 재위한 것으로 보아야 한다.

---

15) 古代王室(天子, 大王)이 「侯」를 혈연적 신분질서로 확립하는 이유는, 무엇보다도 「侯」를 통해서 天子의 「祖上神」를 모시는 제사를 주관하는 게 그 이유의 하나이다.

IV. 백제 무령왕(武寧王)의
탄생지는 北九州의
「가카라시마(加唐島)」

佐賀縣 鎭西町 加唐島의 방위

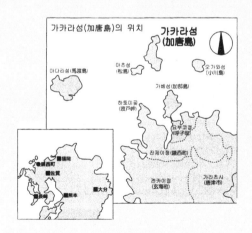

加唐島의 위치

1. 가카라시마(加唐島) 전경 – 무령왕의 탄생을 전하는 섬사람들

加唐島의 전경

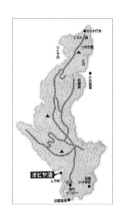

 북규슈(北九州) 사가겐(佐賀縣) 가라쓰시(唐津市) 진세이죠(鎭西町)에 위치한 자그마한 섬 '가카라시마(加唐島·인구 약 300명)'는 한·일 고대사의 중요한 비밀을 간직한 섬이다. 鎭西町의 요부고(呼子)에서 선편으로 약 40분이면 加唐島에 도착할 수 있으며, 거리는 3.5㎞ 정도가 된다.

斯麻君의 출생지 앞에서 필자와 熊本孝典씨
(백제무령왕 교류친선협회 사무국장)

斯麻君의 생모(生母)가 출산 후
허리띠를 빨았다는 샘터

加唐島 사람들은 지금도 王의 탄생을 추모하고 있다

무령왕이 이곳에서 태어났다는
당국의 홍보판

加唐島의 관광안내판

2. 『일본서기』 웅략기(雄略紀) 6년(461)조 – 斯麻君을 본국으로 돌려보냈다

〔釋文〕

6월 丙戌朔[1]일, 임신한 부인은 과연 가수리군加須利君·개로왕의 이름의 말대로 축자築紫·쓰구시의 가카라시마各羅嶋에서 출산하였다. … 그래서 군군軍君·곤지군昆支君은 배 한 척을 마련하여 嶋君시마기미을 그 어머니와 같이 百濟에 돌려보냈다. 이를 무령왕武寧王·502~523이라 한다. 백제인은 이 섬을 주도主島라 하였다. 추7월 군군軍君·곤지이 입경하였다. 그는 자손이 다섯이나 된다.

[『백제신찬百濟新撰云』에 의하면, 辛丑年 개로왕蓋鹵王은 아우 곤지군昆支君을 보내어 大倭대왜·백제의 속지에 가서 天王천왕·백제대왕을 뜻함을 모시게 하였다. 兄王·형왕蓋鹵王의 수호를 닦았다.]『백제신찬』의 기사는 진실된 것

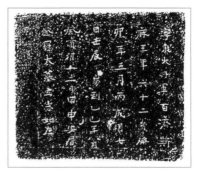

『일본서기』(웅략기·雄略紀) 5년(461) 6월조
斯麻君은 461년 규슈 各羅嶋에서
개로왕의 태자로 출생

[해설] 斯麻君은 본국으로 돌아갔을까?

『일본서기』는 斯麻君사마군은 加唐島에서 출생하자마자 생모와 같이 본국으로 돌아갔다고 하는데, 이것은 전혀 근거가 없는 말이다. 斯麻君이 倭地에서 성장한 사실을 은폐하기 위해서 만든 작문이다.『일본서기』의 편자는 斯麻君이 倭地에서 성장해 소년 시「倭王 武」로 재위했다는 사실을 알고 있는 것으로 보인다.

당시 倭地와 한국 간의 바닷길은 선행船行 2개월 정도의 거리로써 그렇게 쉽게 왔다 갔다 할 수 있는 거리가 아니다. 그리고 하행釜山·부산 --> 唐津·가라쓰과 상행唐津·가라쓰 --> 釜山의 항해 시기는 서로 다르다.

3. 무령왕은 502년 환국 전「倭王」위에 있었다?

1)『송서(宋書)』의「倭王 武」는 斯麻君의 소년 시 인물

■ 상표문·上表文의 釋文

…「봉국封國·백제의 봉국은 먼 곳에 있으며, 바깥에 번국藩國을 이루고 있는

데 옛날의 조상祖禰·조예때부
터 스스로 갑옷과 투구를 걸치
고 산천을 누비느라 편안히 거
처할 겨를이 없었습니다. 동으
로는 모인毛人·아이누족 55국
을 정벌하였고 서로는 중이衆夷
·오랑캐들 66개국을 복종시켰
으며, 바다 건너 해북海北·本州
로 진출 95개국을 평정하니, …
여러 대에 걸쳐 조종朝宗하여,
어긋나는 일이 없었습니다. …
그런데 백제로 가는 길은 멀어
道遙百濟 큰 배를 준비하였는
데, 구려句麗가 무도하여 … 매

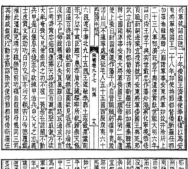
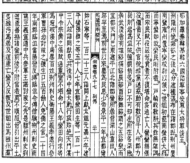

『宋書』卷九十七 列傳(倭國傳)
昇明二年(478) 倭王 武가 順帝에 낸 上表文 - 百
濟救援文

번 지체되어 좋은 바람을 놓치게 됩니다. …

臣은 패망하는 백제를 생각해臣亡考百濟 원수가 천로天路를 막는 것에 분노

하니, 활을 쏘는 병사 백만이 의로운 소리에 감격하여 바야흐로 크게 일어나고

자 하였으나, 갑자기 아버지와 형을 잃게 되어奄喪父兄·475년경, 이로부터 臣

은 양암諒闇·황제를 모시는 빈소에 거처하여, … 지금에 이르러 478년경 갑옷

과 무기를 잘 갖추어 父兄의 뜻을 펼치고 자하니 … 만약 … 어려움을 극복한

다면, 이전의 공을 바꾸는 일은 없을 것입니다. … 이에 조하여 武를 사지절도

독왜·신라·임나·가라·진한·모한 6국제군사안동대장군 倭王에 제수하였다.」

[해석상 문제점]

1. 封國봉국 : 천황계의 웅략천황雄略天皇·459~479을 倭王 武로 보는 일본학 계
   통설로는 쓸 수 없는 말이다. 斯麻君만이 上表文에서 倭國을 封國 종국·宗國
   백제가 봉한 나라이라고 할 수 있다.

2. 臣亡考濟신망고제 : 다수의 해석자는 "臣의 돌아가신 아버지濟"는 이 라고 하
   는데, 이것으로써는 '奄喪父兄'을 설명할 수 없다. 따라서 여기서는 "臣은 망하
   는 백제를 생각해서"라고 읽어야 될 것이다.

3. 奄喪父兄엄상부형 : 武는 475년경에 아버지와 형이 갑자기 돌아가셨다고 하
   는데, 이 시기에 갑자기 죽은 아버지와 형은 斯麻君의 부왕 개로왕 蓋鹵王
   ·455~475과 그의 형 太子이다.

4. 諒闇양암 : 중국의 天子가 돌아가시면, 그를 모신 빈소를 諒闇이라고 한다.
   따라서 蓋鹵王이 아니고서는 그 누구도 그렇게 모실 수 없는 것이다. 이것은
   사후에 붕崩자를 쓸 수 있는 분만을 모실 수 있는 빈 소이다.

■ 백제 개로왕(蓋鹵王)의 최후를 기록한 기사

〔高麗王大發軍兵, 伐盡百濟. 爰有小許遺衆, 聚居倉下. 兵糧旣盡, 憂泣玆深. 於是, 高
麗諸將, 言於王曰, 百濟心許非常, 臣每見之, 不覺自失. 恐更蔓生, 請逐除之. 王曰, 不可
矣. 寡人聞, 百濟國者爲日本國之官家, 所由來遠久矣. 又其王入仕天皇. 四隣之所共識也.
逐止之. 百濟記云, 蓋鹵王乙卯年冬, 狛大軍來, 攻大城七日七夜.
王城降陷, 遂失尉禮. 國王及大后, 王子等, 皆沒敵手.〕

『일본서기』 웅략기20년조(475)
백제 慰禮城 함락 "國王及大后, 王子 等 皆沒敵手"

〔釋文〕

… 이때 창고倉庫는 텅 비어 마르고, 百濟의 인민은 곤궁하여 나라의 험악한
형세가 급박함은 누란累卵과 같았다. 이때 道琳도림은 도망하여 귀국해서 이

『삼국사기』(백제본기) 개로왕24년조(475)
(麗將 桀婁 等 王(蓋鹵王) "縛送於阿且城下戕")

를 알리니, 장수왕長壽王은 크게 기뻐하며 … 군사들을 정비하여 백제를 침공하였다. 개로왕蓋鹵王은 이 말을 듣고, 왕자 문주文周에게 말하기를, "내가 어리석고 밝지 못한 관계로 백성들이 불상하다"하였다. … 이때에 이르러 고구려 대로對盧 제우齊于와 古爾萬年고이만년 등이 군사를 거느리고, 북성北城으로 침입하여, 7일 만에 이를 함락 … 王은 도망하여 나오다가, 고구려 장군 再曾桀婁재증걸루·백제에서 도망한 자 등을 보고, 말에서 내려 절을 하자 그들은 王의 얼굴에 세 번 침을 뱉고, 그 죄를 다스려 아차성阿且城으로 포송捕送하여 王을 살해하였다.

2) 「인물화상경(人物畵像鏡)」 명문에는 사마왕(斯麻王)의 연호인 「大王年·癸未年」이 있다

「人物畵像鏡」은 한경(漢鏡)의 모작으로 1930년대 초까지 和歌山縣의 隅

田八幡宮에서 소장하였으나, 현재는 동경(東京)국립박물관이 소장.

「隅田八幡神社 所藏人物畵像鏡」實物
(크기 直徑 22cm)

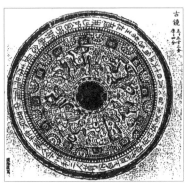

「기이국명소도해(紀伊國名所圖解)」의
「人物畵像鏡」(1838년)

和歌山縣 橋本市 소재 隅田八幡神社(古景)

「인물화상경(人物畫像鏡)」 명문

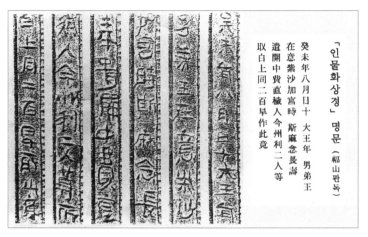

「인물화상경」 명문(탁본) (「명문」에는 제작자 「斯麻」의 이름이 보인다)

〔釋文〕

癸未年계미년·503년 八月 일十 大王年대왕년·백제왕의 연대,

男弟王남제왕·일본 계체·繼體 天皇?이 意紫沙加宮의자사가궁에 있을 때,

斯麻사마·武寧王·공주에 백제왕으로 환국 후는 그의 장수長壽를 위해

開中費直개중비직·河內費直·금일의 大阪府知事?인 '穢人今州利예인금주리'

등을 시켜 二百루관의 백동白銅으로 이 거울을 만든다.

[斯麻王이 503년에 공주에서 倭의 계중비직을 파견한 것으로 보아,

그는 환국 전 倭王 位에 있었다고 보아야 함.]

[해설]

일본의 한 원로학자 다가하시겐지高橋健自는 隅田八幡鏡스다하지만경·人
物畫像鏡의 原名의 명문을 보고, 이것은 참으로 「고사기재古史記載의 결함
을 보충할 수 있는 극히 유익한 유물이다」라는 소견을 피력하였다. 그가 그렇

게 믿었던 것도 결코 무리한 생각이라고는 할 수 없을 것이다. 왜냐하면, 鏡
경의 명문에는 제작연대가 확실하며, 또한 鏡을 만든 주체인 「斯麻」와 이것
을 수령할 상대인 弟王격인 「남제왕男弟王」이라고 하는 직함도 있어, 이것
만으로도 大王年·癸未年대의 실상을 아는 데에는 큰 어려움이 없을 것이다.
大王年·癸未年 八月 十日 「斯麻」가 쓴 48자의 명문의 자자구구는 이른바 「황
국사관皇國史觀」의 존립을 여지없이 부정하고, 그와 계체繼體의 사이는 大王·
侯王弟王의 관계라고 하는 이른바 「역逆皇國史觀」의 실체를 말해주고 있다.

3) 백제 사마왕(斯麻王)의 묘지석(墓誌石) – 王은 崩자를 남겼다

（誌石銘文）

寧東大將軍百濟斯麻王
年六十二歲癸卯年五月
丙戌朔七日壬辰崩
到乙巳年八月癸酉朔
十二日甲申安厝登冠大墓

1971년 공주 宋山里 古墳出土 誌石(拓本)
[斯麻王의 서거는 崩, 따라서 『일본서기』의 「百濟王 武寧薨」은 오기(誤記)]

묘지석 명문의 석문(釋文)과 해설

[釋文]

「영동대장군寧東大將軍 백제 사마斯麻왕은 향년 62세로

계묘년癸卯年·523 5월 7일 붕어崩御하다. …

을사년乙巳年·525 8월 12일에 대묘大廟에 모시고

다음과 같이 기록하여 둔다.」

『禮記』上卷 曲禮下卷

「天子死曰崩, 諸侯曰薨, 大夫曰卒, 士曰不祿, 庶人曰死. …」

'天子천자'가 서거할 때는 '崩붕'자를 쓰라고 했다.

[해설]

첫째 : 『일본서기』에는 「천황天皇」의 몰년沒年은 「崩·붕」으로 그리고 같은 시
대의 백제왕에 대해서는 이를 「薨·훙」자로 표기하고 있는데, 이것은 신분
을 나타내는 중요한 표기로서, "백제왕이 일본 「天皇·천황」의 「侯 王·후
왕」 노릇을 하였다"고하는 것이다.

그러나 1971년 7월, 충남 공주시의 한 고분에서 나온 한 장의 묘지석墓
誌石에는, 지난 세월을 말해주듯 백제 사마왕斯麻王·武寧王의 서거는
「大王」의 죽음인 「崩」이라는 사실을, 王의 史官들은 이를 기록하고
있다.

둘째 : 1971년 무령왕릉에서 출토된 묘지석으로 말미암아 왕王의 출생에 얽힌
수많은 미스테리를 풀 수 있는 계기가 되었다. 『일본서기』웅략기雄略
紀에 의하면, 王은 461년 5월 북규슈九州의 가카라시마加唐島의 한 동
굴에서 태어났다고 한다. 그런데 이 묘지석에는 王은 향년 62세로 523
년에 '붕어崩御'하였다고 하니, 이것을 역산하면 왕은 461년에 출생했다
고 하는 『일본서기』의 기록은 사실과 부합하는 것이다. 王은 돌아가신
후에 '붕崩'자를 썼으니, 그가 倭地에서 출생했다고 하는 사실은 참으로
중요한 일이라고 생각한다. 이것은 당시 백제百濟와 왜倭 사이에 있어
서의 '정치체제'를 말해 주는 것이다.

백제 제25대 무령왕 왕릉의 전경(충남 공주시 宋山里)

지석이 출토된 무령왕릉 현실(玄室)

4)『속일본기(續日本記)』는 '환무(桓武)천황의 생모는 백제 무령왕의 자손'

한·일 고대사에서 최대의 미스테리를『속일본기(續日本記·820년경 성립)』
는 기록하고 있다. 환무(桓武·788~806)천황의 생모「황태후 고야신립(高野
新笠·タカノニガキ)」의 선조는 백제 무령왕의 태자 순타(淳陀·513년 薨)의 자
손이라고 했다. 이 사실은 무령왕이 502년 환국 전 倭京에서 생존했다는 사
실을 말해주는 것이다.

"桓武천황의 생모는 백제武寧王 자손"

日王, 한반도와 혈연관계 첫언급

"續일본기에 기록
한국과의 緣느껴"

아키히토(明仁·사진) 일왕이
최근 "간무(桓武) 천황의 생모(生
母)가 백제 무령왕(武寧王)의 자
손이라고 '속(續)일본기'에 기록
돼 있는 사실에 한국과의 연(緣)
을 느낀다"며 일왕가(家)가 고대
한반도와 깊숙이 관련돼 있음을
인정하는 발언을 했다.

'간무'는 재위 기간 781~806년
의 제50대 일왕이며, 일왕 자신이
공개적으로 한반도와의 혈연적
관련성을 언급한 것은 처음이다.

아키히토 일왕은 68세 생일(23
일)을 앞두고 가진 기자회견에서
한국에 대한 생각을 질문받고 이
같이 답변한 뒤 "무령왕은 일본과
의 관계가 깊어 이 때부터 오경
(五經)박사가 대대로 일본에 초
빙되게 됐다"고 말했다고 아사히
신문이 23일 보도했다. 그는 "양

국의 사람들 간
에 옛날부터 깊
은 교류가 있었
음은 '일본서
기' 등에 상세
히 기록돼 있
다"며 "성명왕
(聖明王·백제 성왕)은 불교를 전
해준 것으로 알려져 있다. 한국에
서 이주·초빙돼온 사람들에 의해
다양한 문화·기술이 (일본에) 전
래돼 왔다"고 말했다.

이와 관련, 도쿄의 한 고위 외
교 소식통은 "일본 정부 차원에서
사전 조율됐다는 흔적은 없다. 일
왕이 개인적 인식을 밝힌 것으로
보인다"며 "한·일 간 현안 중 하
나인 일왕 방한 문제에 이 발언이
어떤 영향을 미칠지 주목된다"고
분석했다.   /東京=朴正薰
특파원 jh-park@chosun.com

朝鮮日報, 2001년 12월 24일

『續日本記』로 보는 高野新笠의 系譜

武寧王 → 斯我君(514년 薨) → 法師君 → 和乙繼 → 高野新笠 → 桓武天皇(781~806)
(斯麻君)   (皇太后) → 早良親王
                                           光仁天皇

朝日

天皇陛下、W杯で交流に期待

「韓国とのゆかり感じています」

「桓武天皇の生母、百済王の子孫と続日本紀に」

天皇陛下は23日、68歳の誕生日を迎えた。これに先立って記者会見し、深刻化する経済情勢が国民生活へ与える影響を案じ、この1年を振り返った。日韓共催のサッカーワールドカップ（W杯）との関連で、人的、文化的な交流について語る中で「韓国とのゆかりを感じています」と述べた。「残念な」歴史にも触れ、両国民の交流が良い方向へ向かうよう願じています」と語った。

きょう68歳、会見で語る

（4面に発言要旨）

W杯の共同開催国、韓国との交流はこのような交流ばかりではありませんでした」と語り、「このことを私どもは忘れてはならない」と述べ、戦後の復興を例に、経済情勢など日本が抱える問題を「国民が必ずや乗り越えていくものと期待しています」と語った。皇太子ご夫妻の赤ちゃんについては「健やかに育っていくことを願って

天皇の生母が百済の武寧王の子孫であると続日本紀に記されていること、韓国とのゆかりを感

「私自身としては、桓武天皇の生母が百済の武寧王の子孫であると続日本紀に記されていること、韓国とのゆかりを感じています」と語った。

らの移住者らが文化や技術を伝えたことに触れ、個人個人としての互いの立場を理解していくことが大切」とし、W杯を通し「両国民の間に理解と信頼感が深まることを願っています」と喜んだ。

一方、「残念なことに」経済情勢の深刻化に触れ「失業率も高まり、国民の暮らしに大きな影響が生じていることを深く案じています」と話した。

さらに過去を「正確に知ることに努め、個

(일본) 朝日新聞, 2001. 12. 23.
天皇의 桓武天皇관련 발언의 원본

일왕(日王) "내 몸속에 한국인의 피가 흐르고 있다"
– 백제 무령왕의 피는 내 몸에서 흐르고 있다

『뉴스위크』(한국어판), 2002년 3월 20일

4. 나의 규슈(九州) 가카라시마(加唐島) 방문기*

1) 무령왕(武寧王)의 탄생을 전하는 마을 사람들

북규슈(九州) 사가현(佐賀縣) 가라쓰시(唐津市) 진세이조(鎭西町)에 위치한 자그마한 섬 '가카라시마(加唐島, 인구 약 300명)'는 한·일고대사에서는 빼놓을 수 없는 중요한 곳이기도 하다. 이 섬사람들은 천 수백 년 동안 이 땅에서 백제 제25대왕 무령대왕(武寧大王)이 탄생했다고 믿어온 것이다.

고대국가에서는 그 왕이 언제 그리고 어디서 태어났으며, 또한 언제 서거하였는지에 대해서는 잘 모르는 게 상례이다. 그러나 이곳 '가카라시마'의 주민들은 무령왕의 탄생을 끊임없이 믿어왔으며, 오늘날 섬의 뒷면에는 왕의 생모가 아이를 출산하였다고 하는 해안가의 한 동굴을 '오비야'(산모가 허리띠를 풀었다는 방)라고 부르고 있으며, 그곳을 신성시 해왔다. 그리하여 동굴 앞에는 자그마한 '제상'을 차려놓고 새끼줄을 매달아 흰 천을 매달고 부정을 타지 않게 지키고 있다. 또한 이 동굴의 위 언덕에는 조그마한 샘터가 있는데 여기서 산모는 몸을 씻었다고 해 마을 사람들은 이곳도 신성시 하고 있다.

2) 사마군(斯麻君) 그는 누구의 태자인가?

이러한 전설은 그동안 마을 사람들의 입에서 입으로만 전해 내려왔을 뿐, 널리 알려지지는 않았다. 그런데 720년경에 완성되었다고 하는 『일본서기』 웅략기(雄略紀)에는 소설과 같은 어린 사마군(斯麻君)의 출생사실을 묘사하고 있다.

---

* 百濟文化開發研究院의 任員과 같이 2007. 5. 8. 「加唐島」를 방문

『일본서기』에 의하면, 사마군의 왕계는 개로왕蓋鹵王의 태자이며, 그는 461년 6월 1일 일본 규슈九州의 가카라시마各羅嶋에서 태어났다는 것이다. 『일본서기』의 기록은, 「가스리군加須利君·개로왕의 청년 시절의 이름 같음은 임신한 부인을 군군軍君·곤지군의 이름에 장가들어 "내 임신한 부인은 이미 산월이 되었다. 만일 도중에서 출산하면 부디 같은 배를 태워서 어디에 있든지 속히 나라로 돌려보내도록 하여라」라고 하였다. 그리고 때가 되어, 「6월 1일, 임신한 부인은 과연 '가수리군蓋鹵王'의 말대로 축자築紫의 各羅嶋에서 출산하였다. … 그래서 군군은 배 한 척을 마련하여 사마군을 어머니와 같이 백제에 돌려보냈다.」

1971년 7월 충남 공주(公州)에서는 무령왕(武寧王)의 지석(誌石)이 출토되었는데, 거기에는 "영동대장군(寧東大將軍) 백제(百濟) 사마왕(斯麻王)은 62세의 나이로 523년 5월 7일에 붕(崩)어하시다"라는 글귀가 들어있는데, 이것으로 볼 때, 『일본서기』웅략기(雄略紀)의 기사와 같이 왕은 461년 6월 1일 일본 땅 '가카라시마'에서 개로왕(蓋鹵王)의 태자로 탄생하였다는 사실과는 일치하는 것이다.

3) 무령왕은 502년 백제왕으로 환국 전 무엇을 하였나?

그러면 무령왕은 『일본서기』의 기사와 같이 그의 생모와 같이 배를 타고 백제로 돌아갔을까 하는 문제인데, 이것은 대단히 믿기 어려운 말이다. 가카라시마와 한반도 사이의 뱃길은 그렇게 간단하게 왔다 갔다 할 수 있는 거리가 아니다. 『서기』 편자들이 사마군과 그의 생모를 귀국한 것으로 '윤색'하는 이유는 무령왕(武寧王·斯麻王)을 역사의 전면에서 후퇴시켜 감추려고 하는 저의가 있어서 그러한 것으로 보인다.

사마군(斯麻君)과 그의 생모는 본국으로 귀환한 것이 아니라, 그들은 왜 경(倭京)인 近畿지방으로 옮겼으며, 사마군은 그곳에서 성장한 것으로 보인 다. 그런데 그가 그곳에서 무엇을 하였는지에 대해서는 전혀 기록이 없기에 자세히 알 수는 없으나, 산재하는 기록을 통해서 볼 때, 그의 존재는 충분히 추정할 수 있다.

무령왕의 생애는 참으로 기구한 운명의 연속인 것 같다. 웬일인지 생모는 만삭의 몸으로 배를 타고 먼 왜지(倭地)에서 아이를 출산했으며, 아버지를 보지 못한 채 모자(母子)는 왜경(倭京)에서 긴 세월을 지낸 것으로 보인다. 그러한 가운데 사마군이 15, 6세가 되는 475년경 그는 새로운 운명의 시련 을 맞이하게 된다. 사마군은 삼촌 「왜왕 흥(倭王興·昆支君)」의 유고(?)로 「왜 왕 무(倭王 武)」라는 이름으로 백제 후국인 倭國을 이끌어갈 주인장이 된 것 이다(필자는 일찍이 倭王 興을 곤지군으로 비정한 바 있다).

사마군(斯麻君)이 언제 倭王 位(왜왕 위)를 계승하였는지는 자세히 알 수 없으나, 475년 고구려군의 침입으로 본국에서는 부왕(父王·蓋鹵王)과 형이 참수를 당하는 비보를 접하고 슬픈 나날을 보내게 된다.

그리고 20년의 세월은 흐르고, 502년 사마군은 40살이 넘은 장년의 몸 으로 동성왕(東城王)의 뒤를 이어 백제25代 왕으로 즉위한다. 그가 바로 백 제 사마왕(斯麻王)이다. 돌이켜보면 그는 40년 만에 고국의 땅을 처음 밟는 셈이다. 이 얼마나 감격스러운 일순간이었을까? 그가 백제왕으로 재임하는 20여 년간 그는 백제 중흥의 꿈을 이루었으며, 또한 그가 한때 왕으로 있었 던 왜국에서는 새로운 율령(律令) 사회의 기틀이 마련된 것이다.

본 바와 같이 斯麻王의 평생은 파란만장의 생애 기록이며, 그가 이룩한 위대한 업적은 백제사(百濟史)의 한 페이지를 영원히 빛낼 것이다.

V. 긴키(近畿)
「百濟郡 百濟鄉」의 소재지는
오늘의 大阪市 生野區

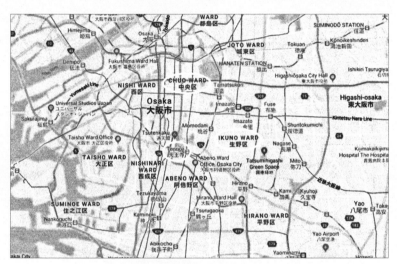

大阪市 生野區(이쿠노구)의 방위

　『후한서』와 『삼국지』에 의하면, "北九州지방의 大倭(대왜·일본은 '야마토'로 발음)는 韓(한국·辰王)의 속지(屬地·식민지 같은 것)라고 했다. 그 大倭는 주변 여러 나라(주로 남九州지역의 나라들)를 평정하고, 일본열도의 本州(본주·中國지방)로 진출해 4, 5세기경에는 近畿지방까지 통합하여, 그곳에 직할령(直轄領)을 설치했다. 그리고 5세기경(?)에는 그곳에 「백제군百濟郡」을 설치하고, 倭地를 통치하였다"고 한다.

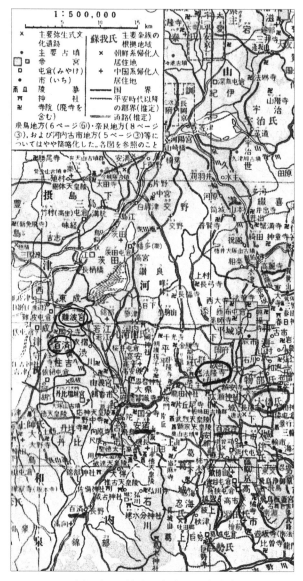

古代 지도로 본 大阪市 生野區의 방위

四天王寺근처에「百濟」라는 표기가 있는데, 그것이 오늘날의「生野區」지구로 추정된다.

「百濟」는「難波宮」에서 그리 먼거리는 아니다.

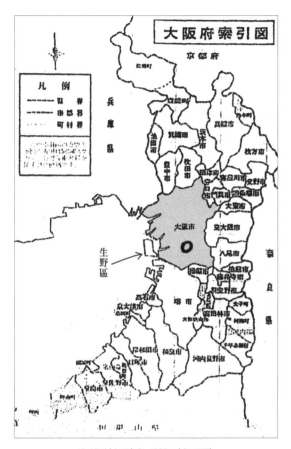

오사카(大阪)府 색인도(索引圖)

『大阪 가이드』(大阪府 발행)

「百濟野＝生野區 북측,
　옛 鶴橋町에 속한 일원은
　원래 百濟郡 百濟鄕의 땅」

시바료타로・司馬遼太郎(街道をゆく 2)

「大阪이라는 이 原野(원야)에 사람이 살고 있지 않은
벌판일 때, 백제로부터 이주자가 와서 땅을 개척할 때
百濟郡이라는 郡까지 설치했다. 郡內에는 '百濟野'라
는 일대 경작지대가 있었는데, 그것이 지금의 生野區
인가? 또는 鶴橋(쓰루바시)나 猪飼野 근처라고 한다.」

1. 「표준일본사지도(標準日本史地圖)」에서 보는 「大倭國」의 방위

기내(畿內)에는 7세기 그리고 8세기 초까지 대왜(大倭·야마토)의 직할령이 있었다. 일본학계는 이 사실을 음폐하기 위해 긴키(近畿) 지방의 大和(대화·야마토) 정권이 4~5세기경에 왜국(倭國·야마토)을 통합하였다고 하는데, 이것은 중대한 역사왜곡이다.

7세기 후반의 近畿지방

7, 8세기에도 近畿지방에는 大倭의 직할령이 있었다

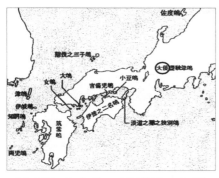

『古事記(고사기)』에 표기된 일본국토의 명칭

2. 김달수(金達寿)의 「일본 속에 살아있는 韓國」

(오사카市 이쿠노區는 일천년 전 百濟鄕)

『朝鮮日報』1986년 2월 1일

百濟郡을 설치했다는 것은 백제가 이곳을 통치했다는 말이다.

3. 「百濟 · 구다라」는 지금도 일본 땅에서 숨 쉬고 있다

「오사카 시립 南百濟小學校」(이 학교는 한국계 자녀만 다니는 학교가 아니다)

오사카시에 있는 「百濟驛」
(현재는 화물만 취급)

사가이(堺)시의 「百濟大橋」

구다라데라(百濟寺) 삼층탑

히라카타(枚方)의 百濟寺 사적

百濟王神社 拜殿

히라카타의 百濟王神社

4. 「藤ノ木(후지노끼)」 고분의 피장자는 백제 왕족(侯王)

武寧王陵 출토(公州) 금동제신발과 단용 환두대도

藤ノ木 고분출토(奈良縣) (일본 최대·최고유물 발굴)
금동제신발과 단용 환두대도

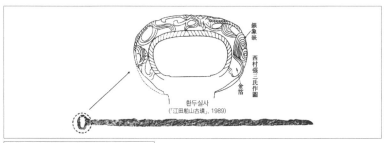

江田船山(에다후나야마) 고분 출토(熊本縣)
船山의 피장자는 백제 왕족(侯王)
단용 환두대도와 금동제신발

후나야마(船山) 환두대도(環頭大刀)의 명문

治天下獲×××鹵大王世 奉爲事典曹人名 無利工

八月中 用大鐵× 四尺×刀 八十練六十×三寸上好×刀

服此刀者長壽 子孫××得三恩也 不失其所統

作刀者伊太× 書者張安也[16]

[釋文]

천하를 다스린 偉大한 獲加別王·侯 蓋鹵大王世에 봉사한 典曹人 무리공이

만들었다. 팔월에 큰솥에 4尺의 칼을 80회 두드리고, 60회 흔들어서 만들었다.

이 칼을 복용하는 자는 장수할 것이고, 자손은 번창 해 삼은三恩을 얻을 것이다.

그대의 통치영역을 잃지 않을 것이다. 이 칼의 제조자는 伊太利이고, 필자는

張安이다.

5. 일본은 왜 '百濟'를 '구다라'라고 하는가?

일본인은 한반도 3국의 나라이름을 부를 때, 高句麗(고구려)는 '고구리(コ
クリ)' 그리고 新羅(신라)는 '시라기(シラギ)'라고 문자대로 발음하는데, 유독
'百濟(백제)'의 경우는 글자에도 없는 '구다라(クダラ)'라고 하는데, 왜 그런

---

16) 船山大刀銘은 七支刀銘이나 人物畵像鏡銘의 서식과 통하는 점이 있다. 명문의「×鹵
大王世」는 斯麻王이 하사한 人物畵像鏡銘의「大王年」과 같은 것이며 또한「八月中」이
라는 일시는「癸未年八月日十」이나「×月十六日 丙午正陽」과 같이 吉日의 택일로 보
인다. 또한 명문의「不失其所統」은 倭王 武의 上表文에서 보는「驅率所統」과 같으며,
「八十練六十×三寸×刀」는「造百練鋼七支刀」와 같은 것이다. 그리고「服此刀者長壽
子孫××得三恩也」은 七支刀의「×辟百兵」과「傳世後世」와 맥을 같이 하고 있다. 이상
으로 보아 이러한 금속명문이나 공문서는 같은 계통에 속하는 인물들에 의해 작성된 것
으로 사료된다.

지 일본인들은 그저 '謎(나소·수수께끼)'라고 만 한다.

1) 우리 학계의 견해

① 이병도 (李丙燾·서울대 명예교수)

일본어 '구다라(クダラ)'는 백제어를 전사(傳寫)한 것으로 「Dara」는 성읍(城邑)의 뜻이고, 「ku」는 大의 뜻인 「크」·「큰」의 사음일 것이다. 즉 '구다라'는 대성(大城)·대도(大都)의 뜻으로 백제도성(한성·漢城)에 대한 백제 측 속칭을 그대로 전하여 국명과 같이 불려왔던 것으로 보아야 한다.

② 도진희 (都晉熙·충남대 명예교수)

일본은 '백제'를 '구다라'라고 부르는데, 이 '구다라'의 「구」자는 '크다'는 우리말이다. 예하면 우리는 큰 뱀을 볼 때 '구렁이'라고 한다. 따라서 '구다라'는 '대국(大國)' 또는 '대왕국(大王國)'과 같은 말이다.

③ 윤용혁 (尹龍赫·공주대 명예교수)

'구다라'의 어원에 대해서는 한국 내에서도 다양한 의견이 있는데, … 부여(扶餘)에 수도가 있던 백제시대에는 일본(倭)에 가려면, '구드래'(포구)에서 승선하게 되며 역으로 일본에서 백제로 환국하려면, 최종적으로 '구드래'에 도착하게 된다. … 이것이 백제의 지명으로 정착한 것은 아닌지… 생각한다.

④ 홍윤기 (洪潤基·한국외대 교수)

'구다라(百濟)'는 큰 나라라는 뜻이다. 일본에서 백제물건은 명품이었다. 일본이 '구다라(百濟)'라고 하는 것은 일본이 백제를 큰 나라로 부른데서 비롯된 것이다.

2) 일본학계 (일부)의 견해

① 사가모토 요리다네 (坂元義種·京都府立大學 명예교수)

"三品彰英 선생은 「クダラ·구다라(百濟)를 대담로(大擔魯)의 뜻"으로 해석한다. … '담로'를 도회지나 성(城)과 같이 생각하면, 대도회(大都會) 또는 대성(大城)과 같은 의미라고 한다. 때로는 '큰 나라(大國)'와 같은 의미라는 견해도 있으나, 자신도 그렇게 생각한다고 한다.

② 시바료타로(司馬遼太郎·역사작가)

'百濟'를 일본에서는 'クダラ(구다라)'라고 하는데, '큰 나라(大國)'라는 조선어에서 유래했다고 한다. 백제인이 倭人에게 그렇게 말했는지, 倭人이 백제 문화의 높이를 숭배해서 그랬는지, … 이 말이 일본어로 정착된 사실은 재미있는 일이다.

③ 『國史辭典(국사사전)』吉川弘文館(1990)

일본고전에는 많이 百濟라고 쓰고, 'クダラ'라고 하는데, 그 유래는 아직도 알려지지 않고 있으나. 바로 그 점에 일본과 백제의 역사적 관계의 '謎(ナゾ·나소·수수께끼)'가 있을지도 모르는 일이다.

3) 필자의 견해

『후한서』와 『삼국지』에 의하면, 일본의 고대국가 大倭(대왜·일본은 '야마도'로 발음: 北九州 소재 30여국)는 韓(한·辰王)의 속지(屬地)라고 한다. 이러한 역사적 특수성 때문에 倭人은 「韓」을 부를 때는 'クダラ·구다라'라고 했을 것이다. 이것은 우리 고어(古語)로서 '큰 나라'·'큰 다라' 즉 '大國'이라는 뜻이다. 마한(馬韓)을 계승한 백제시대에도 倭에서는 그렇게 호칭했을 것이다.

중국 광서(廣西) '百濟鄉'의 사람(壯族)들은 오늘날도 '百濟'라고 쓰고 그 것을 '大百濟'라고 발음하고 있으며, 일본에서도 '百濟'를 'クダラ'라고 발음하는데, 이런 현상은 모두 그 옛날 '百濟'라는 실체가 그 땅에서 오랫동안 지배관계를 유지했다는 산 증거이기도 하다.

특히 일본에서는 'クダラ·구다라'라는 어휘는 하나의 '생활용어'로서 중요한 위치에 있다는 것이다. 일본인 가정에서 제일 많이 쓰는 말의 하나는 'キミ(君)クダランコトイウナ!(기미구다랑고도 오유나!)'라는 말이다. 또는 '君クダラニナイコトヲイウナ!(기미구다라니 나이고도유나!)'라는 말이다. 이 말의 뜻은 '쓸데없는 소리하지 마!' 또는 '바보 같은 소리하지 마!'라는 뜻인데, 정확히는 '백제에 없는 말은 하지 말라'는 교육적인 말이다. 즉 일본 사회에서 'クダラ·구다라(百濟)'는 그 사회의 가치판단의 중요한 기준이 되고 있다는 사실이다.

VI. 남규슈 남향촌 출토
大王銘 말방울

감은사(感恩寺)터 출토 「大王방울」과 유사하다

두 大王명 馬鈴의 비교

일본 남향촌의 神門神社
백제 정가왕을 어신체로 모신 신사

감은사 石塔
동탑에서 출토

남향촌 출토 大王명 마령
野村利行씨(미야사키市) 소장

감은사 터 출토 大王명 마령

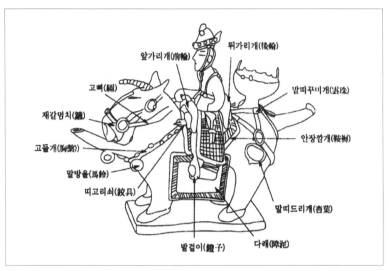

기마형토기(신라)의 명칭

| 가야지역 출토 마령 | 「大王방울」(한국)
출처미상 |

---

* 본고는 1997년 2월 21일 『朝鮮日報』기사에 대한 반박이다. 月刊『朝鮮』1997년 4월호는 "感恩寺「大王방울」은 百濟에서 보낸 것?" 이라는 題로 본고를 소개했다.

1. 남향촌(南郷村·난고손)의 「大王방울」 - 백제왕(大王)이 하사한 마령?

1) 지금으로부터 약 15년 전 남향촌(난고손)에서 출토된 것으로 보이는 「大王방울」은 오랜 침묵을 깨고 작년 여름 그곳의 「서정창원(西正倉院)」 개관 후 마령의 소유주(宮崎市 거주 野村利行氏)가 남향촌에서 공개하게 되면서부터 비로소 알게 된 것이다. 다소의 오해를 피하기 위해 이를 공개하게 된 경우를 좀 설명할 필요가 있다고 본다.

그가 내놓은 '마령'은 현재 서정창원(西正倉院)에 있는 정가왕(槙嘉王)의 유물로 보이는 마령과 모양새가 비슷한데다 마령의 출토지가 신사 근처인 것으로 보아 상호 관련성이 엿보인다. 이 「大王」명 마령은 무게 48g, 길이 5.2cm, 옆 4.5cm 그리고 두께는 0.51~1.5cm 크기로 보이며 이것은 감은사 터 출토 마령보다는 약간 적은 것 같은 감이 든다.

이 방울은 "양면에 「大王」이라는 글자 2자가 선명하며, 글자의 주위에는 풀무늬 문양이 있고 또한 젖꼭지 같기도 하고 툭 튀어나온 눈알 같기도 한 2개의 돌출부가 있는데, 양면을 부친 기법은 상당히 정교"한 것으로 보였으며 "방울을 흔들면 '치리' '치리'한 건조한 소리가 나는 등 통상의 구형(球形) 방울과는 그 소리가 다르다"고 한다.

2) 남향촌(南郷村) 출토 유품을 본 미야자기(宮崎) 대학의 오구노마사오도(奧野正男)교수도 "일본서도 그리고 백제에서도 이러한 방울의 출토한 예는 드물다"고 하고 이것은 "새로이 만든 것은 아니며, 「大王」

자는 백제에서 흔히 쓰는 글자였다"고 하면서, "이 물건은 참으로 놀랄 만한 충분한 가치가 있다"는 말을 하였다.

그러나 '남향촌' 당국은 이 유물의 공개 후 이의 진실성을 감정받고자 「나라(奈良)국립문화재연구소」에 그의 감정을 의뢰한 일이 있었는데, 그 결과는 '부정적'인 것으로 나와 당국은 크게 '실망'하고 결국은 이의 서정창원(西正倉院) 전시 계획을 포기하게 되었다. 사실 감정 당국(연구소)은 이러한 유물을 본 일도 없을 것이며, 또한 들은 일도 없었을텐데 이를 극히 간단하게 "중세(中世) 중국의 것"이라고 해 더 이상의 문제 제기를 하지 못하도록 조치하였던 것이다(1997. 2. 28 자 조선일보 참조).

3) 필자는 그 정도의 감정을 한 「나라(奈良)국립문화재연구소」의 입장을 충분히 이해할 수 있다. 왜냐하면 일본의 공적 감정 기관에서는 남향촌의 「大王」명 마령과 같은 역사성이 큰 유물을 공정하게 감정할 위치에 있지 않기 때문이다. 만약 그러한 공적기관에서 이 유물을 정당하게 감정하고, 이것을 6~7세기 또는 그 이전의 것이라고 공식적인 의견을 내놓았다고 하면, 이것은 당장에 큰 문제가 된다. 명문의 「大王」은 과연 누구인가라는 본질적인 문제에 봉착하게 되어, 결국은 일본의 역사체계에 대한 중대한 도전이 되는 것이다.

2. 감은사 터 출토 「大王방울」은 남향촌의 것과 흡사

1) 지난 1997년 2월 21일자 조선일보의 기사 "大王자 방울 국내 첫 발견"은 필자에게는 퍽 충격적인 것이었다. 왜냐하면 우리나라에서 「大王」자 명문의 말방울이 처음 나왔다는 사실을 알았기 때문이다. 당일 보도된 기사에 의하면 "지난 '96년 4월 보수작업을 위해 해체한 경주 감은사 터 東탑에서 나왔다는 사람 얼굴 모양의 방울에 「大王」이라는 글자가 최근 국립문화재연구소가 확인했다"고 한다.

그리고 이 방울의 모양은 "앞뒤 면을 비슷한 모양으로 주조해 서로 부친 것으로서 길이는 4.2cm, 두께 2.5cm 크기로서 사람의 얼굴을 익살맞게 풍자"한 것으로서 "툭 튀어난 두 눈에 비해 코와 입은 낮게 돋은 선을 과장스레 대비"시켜 "마치 '하회탈'에서 연상되는 듯한 익살스러우면서도 온화한 웃음을 자아낸다"고 했다.

2) 기사에 유물이 경주의 감은사 터에서 나왔기 때문에 "이것은 문무(文武) 대왕과 관련" 된 것으로 보고 이 "「大王방울」은 문무대왕의 호국의 뜻을 염원하는 동탁(銅鐸)으로 보아야 할 것이다"라고 했다. 다시 말해 이 말방울의 제조지로서는 경주로 제한하는 것 같고 유물은 문무왕의 염원을 받드는 의례적인 것으로 보는 것 같다.

그러나 필자는 좀 다른 견해를 가지고 있다. 이 「大王방울」은 한 시대의 대왕(大王)을 자처한 왕이 이것을 만들어 특히 경사스러운 일이 있을 때 자신의 신하들에게 하사한 일종의 하사품인 마령(馬鈴)으로 보는 것이다. 옛날의 큰 王들은 나라에 경사스러운 일이 있을 때는 으레 좋은 말과 금빛 찬란한 마구(馬具)를 자신의 「후(侯)」들에게 나누어주는 관례가 있는데, 이때 이를 기념하기 위해 왕은 마령에다 「大王」자를 써 넣어주곤 했던 것이다.

3. 감은사 터 출토 「大王방울」은 백제왕의 하사물

1) 大王 또는 大王年(대왕년)과 같은 명문의 통용은 오직 백제에서만 볼 수 있는 일이고 특히 왜(倭)와의 관계에 있어서 백제는 항상 大王 또는 大王年의 연대를 쓰도록 강요했던 것이다. 일본국보 「인물화상경(人物畵像鏡)」의 명문에 의하면 사마왕(斯麻王·501~523년 재위)은 503년 자신의 연대를 「大王年·癸未年」이라고 쓰고 있으며 또한 후나야마 고분의 은상감 철제큰칼(大刀)에는 「□□□鹵大王世」라는 명문이 나온다. 필자는 □□□은 「百濟蓋」로 본다. 이렇게 보면 「百濟蓋鹵大王世...」가 된다. 개로왕(蓋鹵王)의 「大王年」이 들어 있는 것이다. 연대가 470년경으로 보이는 이러한 명문은 오늘날 상상도 할 수 없는 일이다. 옛날에 「倭(倭)」에서는 백제를 부를 때 이를 그저 「구다라(クダラ)」라고만 하는데 그렇게 특이하게 부르는 이유는 바로 이런 역사적인 연유 때문이라고 한다.

2) 옛날 한반도에 고구려, 백제, 신라, 가라(伽羅) 등 諸國이 군림하든 이른바 3국 시대에 왕의 재위 시 그를 대왕이라고 부를 수 있는 나라는 오직 백제뿐이며, 그 누구도 살아 있는 王을 가지고 그를 대왕이라고는 하지 못했을 것이다. 서기 521년 진동대장군(鎭東大將軍) 백제 사

마왕(斯痲王)은 양제(梁帝)에게 보낸 한 통의 상표문에서[17] 그는 나라에는 22개의 담로가 있는데 그 크기는 중국의 군(郡)·현(縣)의 크기와 같다고 하고 거기에는 「자제·종족」으로 봉(封) 했다고 한다. 그리고 자신은 지금 반파(叛波·성주), 사라(斯羅·경주) 및 침라(枕羅·제주) 등 9개의 작은 나라(방소국)들을 거느리고 있다고 하는데 이 사실을 『양직공도(梁職貢圖)』 백제국사(使)조는 기록하고 있다.

사마왕(斯痲王)은 '백제중흥'을 꾀한 「대왕」으로서 그의 강토는 바다 건너 저 멀리 왜(倭)와 중국에 있는 땅 「진평(晉平)」에 까지 이르고 있는데 그는 서기 523년 62세를 일기로 「붕(崩)」자를 남기고 세상을 떠났다. 이러한 역사적 사실을 고려해 볼 때 기사와 같이 '감은사'터 출토의 「大王방울」은 경주지역에서 만들어진 것이고 거기에 「大王」자 명문이 들어있기 때문에 그것은 바로 문무(文武)대왕을 가리키는 것이라는 해석은 논리의 비약으로 보인다. 그것은 백제 땅에서도 만들어 질 수 있는 것이며 또한 백제왕이 이를 자신의 신하인 「후(侯)」들에게 하사한 유물로도 볼 수 있는 것이다.

3) 백제는 일찍이 4세기 중엽부터 「왜(倭)」를 통합한 것으로 보이는데, 그들이 그렇게 할 수 있었던 것은 바로 천마(天馬)라는 좋은 말(馬)을 대량 그곳으로 가지고 갈 수 있기 때문에 가능했다고 생각한다. 다시 말해 백제인에게 말은 아주 귀중한 것이었으며, 특히 「왜(倭)」에

---

17) 521년 梁帝는 百濟國使로 부터 상기 「上表文」을 접수하고 斯痲王에게 「寧東大將軍」을 除授한 것으로 보인다.

서 말(馬)은 백제의 '통치수단'과도 같은 역할을 했다고 한다. 그러므로 백제왕은 수시로 좋은 말과 마구를 자신의 신하들에게 하사했다고 하는데 수많은 고분에서 나오는 금동제 마구들은 모두가 이를 증명 하는 것이다. 남향촌의 「대왕」명 마령(馬鈴)도 그렇게 해서 그곳에서 묻히게 된 것은 아닌지 생각해 보게 된다.

Ⅶ. 『일본서기』의
「천황·붕(崩)」「백제왕·훙(薨)」은 날조

斯麻王의 서거에 관한 『일본서기』의 표기

<u>斯麻王의 서거에 관한 『日本書紀』表記</u>

〔十年夏五月, 百濟遣前部木刕不麻甲背, 迎勞物部連等於己汶, 而引導入國. 群臣各出衣裳斧鐵帛布, 助加國物, 積置朝庭. 慰問慇懃. 賞祿優節. ○秋九月, 百濟遣州利即次將軍, 副物部連來, 謝賜己汶之地. 別貢五經博士漢高安茂, 請代博士段楊爾. 依請代之. ○戊寅, 百濟遣灼莫古將軍·日本斯那奴阿比多, 副高麗使安定等, 來朝結好.

十二年春三月丙辰朔甲子, 遷都弟國.

十七年夏五月, 百濟王武寧薨.

十八年春正月, 百濟太子明即位.

廿年秋九月丁酉朔己酉, 遷都磐余玉穗. ^{一本云,}_{七年也.} 〕

『일본서기』계체기 17년 5월조 (523년)(「百濟王 武寧薨」)

〔廿五年春二月, 天皇病甚. ○丁未, 天皇崩于磐余玉穗宮. 時年八十二. ○多十二月丙申朔庚子, 葬于藍野陵. ^{或本云, 天皇, 廿八年歲次甲寅崩.} 而此云廿五年歲次辛亥崩者, 取百濟本記爲文. 其文云, 太歲辛亥三月, 軍進至于安羅, 營乞乇城. 是月, 高麗弑其王安. 又聞, 日本天皇及太子皇子, 俱崩薨. 由此而言, 辛亥之歲, 當廿五年矣. 後勘校者, 知之也.

『일본서기』계체기 25년 2월조 (531년)(繼體「天皇崩于磐余」)

〔七年夏六月, 百濟遣姐彌文貴將軍·州利即爾將軍, 副穗積臣押山, ^{百濟本記云, 委}_{意斯移麻岐彌.} 貢五經博士段楊爾. 別奏云, 伴跛國略奪臣國己汶之地. 伏願, 天恩判還本屬. ○秋八月癸未朔戊申, 百濟太子淳陀薨.

『일본서기』계체기 7년 6월조 (513년)(百濟太子淳陀薨)

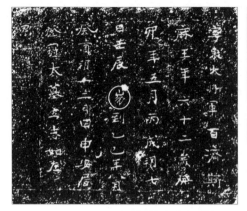

（誌石銘文）

寧東大將軍百濟斯麻王
年六十二歲癸卯年五月
丙戌朔七日壬辰崩
到乙巳年八月癸酉朔
十二日甲申安厝登冠大墓

지석은 왕의 서거를 「崩」으로 표기한다.
따라서 『일본서기』의 「百濟王 武寧薨」은 오기이다.

　　720년경에 성립되었다고 하는 『일본서기(日本書紀)』는 그동안 일본이
자랑해온 역사 정사(正史)로서, 총 30권이라는 방대한 내용을 수록하고
있다. 일본학계의 일부는 「일본의 정사(正史) 제1호인 『일본서기』는 중국
의 정사 제1호인 『사기(史記)』에 버금가는 것」이라고 하는데, 그것도 알
고 보면 그리 대수로운 것은 아니다. 왜냐하면, 『일본서기』는 그 성립연
대가 불확실하고, 또한 그 작성한 자가 누구인지를 잘 모르는 모호한 것
으로, 이것을 史料로 이용하기에는 문제가 있는 것이다. 그런데 더 큰 문
제는 오늘의 『일본서기』는 『서기(書紀)』의 편자들에 의해 자행(恣行)된 조
직적이고 또한 계속된 가필(加筆)과 변개(變改)·조작 등으로 꾸며진 것이
라는데 있다.

---

* 본고는 1992년 5월 「韓日文化講座」 제21 (韓日文化交流基金) 기고 및 발표

1. 『일본서기』의 성립배경

1) 『일본서기』의 성립 시기

『고사기(古事記)』와 『일본서기』는 일본의 제일 오래된 관찬정사(官撰正史)로서, 쌍벽을 이루고 있는 고서(古書)이다. 『고사기』 권두의 「서문」에는 찬수자 태안만로(太安萬侶・오노야스마로)[18]가 천무(天武・텐무)천황의 조(詔)를 받고, 『제기(帝紀)』와 『구사(舊辭)』의 내용 중 잘못된 것을 고치는 일을 했다고 한다. 그리고 그는 화동 4년 9월에, 원명(元明・겐메이)천황의 재조(再詔)를 받고, 이 일을 계속하여 다음 해인 화동(和銅) 5년(712) 1월에 『고사기』 3권을 완성했다고 한다. 그러나 『일본서기』에는 그러한 찬문(撰文)이 없으며, 또한 발문(跋文)과 같은 것도 없어서, 그 성립연대를 점치는 일은 쉬운 일이 아니다.

일본학계는 『일본서기』의 원본이라고 하는 『일본기(日本紀)』에 관한 기사가 『속일본기(續日本紀)』 권八에 있다고 해서, 그것을 통해 『일본기』의 성립연대를 추정하고 있다. 연력(延曆) 16년(797)판 『속일본기(續日本紀)』의 양로(養老) 4년 5월조에는 「이것보다 앞서 일품(一品) 도네리(舍人)친왕이 칙(勅)을 봉하고, 『일본기』를 만들었다. 오늘 일을 다 마치고 이를 진상한다. 기(紀)30권과 계도(系圖)1권」이라는 내용이 적혀 있어, 이것으로써 『일본기』의 성립연대를 양로 4년(720)으로 추정하게 된다.

---

18) 太朝臣安萬侶는 723년 奈良에서 卒하였는데 당시 그는 從四位下 勳五等의 벼슬이다. 「多神宮注進狀」과 「弘仁私紀」, 그리고 그의 묘지를 통해서 볼 때, 그의 出自는 백제유민 다성씨(多姓氏)라는 것을 알 수가 있다.

2) 『일본서기』가 취한 사료

『일본서기』[19]가 선택한 사료들이 어떠한 것인지, 『일본서기』에는 찬문(撰文)이 없어서 잘 알 수가 없다. 거기에다 『일본서기』의 원본이라고 하는 『일본기』의 내용마저 알 길이 없기 때문에 도대체, 이 두 책이 어떠한 사료를 찬수하였는지를 추정하는 것은 매우 어려운 일이다. 그래서 여기서는 『일본서기』(寬文版, 1669년)의 내용을 중심으로 해서, 거기에 동원된 사료들을 살펴볼 수밖에 없다.

『일본서기』는 그 원본이라고 하는 『일본기』에서 「계도(系圖)」를 제외한 총 30권으로 구성되어 있다고 하는데, 권1과 권2는 신대기(神代紀) 신화로서 이른바 야마도팔주(大和八洲)의 창업을 그리고 권3~권30은 신무(神武·진무)로부터 지통(持統·지도)에 이르는 역대 천황의 치세와 붕년(崩年)을 편년체로 『사기』 본기(本紀)의 서체에 따라서 기록하고 있다. 그런데, 여기에는 백제 초고왕(肖古王) 이후의 백제왕들의 즉위와 훙년(薨年)도 기제 되어 있는데, 이것은 『고사기』와 크게 다른 점이다.

『일본서기』에 인용된 사료로는 먼저 『고사기』의 원자료라고 하는 『제기(帝紀)』와 『구사(舊辭)』를 들 수가 있다. 『일본서기』에 보이는 천황, 황비(皇妃), 황자녀들의 이름과 그 계보는, 『고사기』의 것과 비슷하다고 하며, 특히 신대기(神代紀)의 물어(物語·이야기책)나 어부(語部)는 기본적으로 『구사』를 인용하였다고 한다.

다음으로 『일본서기』가 많이 인용한 사료로는 이른바 백제3서(百濟三書)

---

19) 江戸시대의 저명한 학자인 伴 信友는, 『日本紀』에 「書」자가 첨가되어 『日本書紀』라는 이름으로 부르게 된 것은, 弘仁年代(9세기초)부터라고 한다(別冊·歷史讀本, 第2卷 1號, 1988. 8, p.257 참조).

라고 하는 『백제기(百濟記)』·『백제신찬(百濟新撰)』과 『백제본기』를 들을 수가 있다. 『서기』 편자들이 제일 중요시 한 것으로 보이는 이 백제3서는, 본문구성에는 물론이고, 분주에도 많이 인용하고 있다. 신대기(神代紀)와 응신기(應神紀)는 『백제기』를, 웅략기(雄略紀)와 무열기(武烈紀)는 『백제신찬』을 그리고 계체기(繼體紀)와 흠명기(欽明紀)는 『백제본기』를 각각 인용하였다는 것이 일본학계의 통설이다.

이 밖에도 『일본서기』는 『사기』를 비롯해 『위서왜인전(魏書倭人傳)』과 『한서(漢書)』 및 『후한서(後漢書)』 등 중국 측 사료를 문장으로 쓰거나, 또는 분주로 인용하고 있다. 특히, 『삼국지(三國志)』 위서 왜인전의 경우, 『서기』 편자들은 신공황후라고 하는 가공의 인물을 성립시키기 위해서, 이른바 사마일국(邪馬壹國)의 여왕인 비미호(卑彌呼)를 변신시켜, 그녀를 '신공(神功)'으로 대신하고 있다. 끝으로, 『일본서기』는 불교경전이나 사원(寺院)의 연기(綠起)와 같은 불교계의 사료와 당시 유행한 사가(私家)의 수기(手記·예하면, 이길연박덕서(伊吉連博德書), 난파길사남인서(難波吉士男人書)와 고려사문(高麗沙門), 도현(道顯)의 『일본세기(日本世記)』 등, 그리고 조정의 문서까지 동원해서 분주(分註)를 만든 경우도 있다.

2. 『일본서기』는 변개(變改)·조작된 것

1) 조작의 핵심은 신공기(神功紀)

서기 720년경에 성립되었다고 하는 『일본기』와는 전혀 다른 성질의 것으로 알려진, 『일본서기』는 실존하지도 않은 가공의 신무(神武·진무)천황을 제1대의 기원으로 하고 있다. 그리고 이른바 「야마토(大和)의 천황」들은 제41대의 지통천황에 이르기까지, 1300년이 넘는 긴 세월을 대(代)를 이어 가면서, 대화팔주(大和八洲)를 통치하고 나아가서는 바다를 건너 한반도에 까지 진출하여, 그곳의 여러 나라를 복속해 왔다는 것을 그 주축으로 하고 있다.

역사상 존재하지도 않은 가공의 인물인 신공황후가, 한반도의 여러 나라를 복속하였다고 하는 이른바 신공기(神功紀)는, 바로 『일본서기』의 핵심을 이루고 있는 것으로, 『서기』 편자들은 이를 위해, 그 출자도 알 수 없는 허상의 기장족희존(氣長足姬尊)[20]이라는 여인을 등장시켜, 그녀로 하여금 제13대 중애(仲哀·주아이)천황의 부인(황비)인 신공황후라고 명명하고 그녀를 『일본서기』 역사에 있어서 가장 위대한 영웅으로 부각시킨 것이다.

중애기(仲哀紀) 9년 10월조에 있는 이른바 신공황후의 삼한정벌은, 신공(神功)이 부왕(夫王)인 중애천황의 사후에 만삭의 몸으로서 바다를 건너가, 신라를 치는데, 「풍신(風神)이 바람을 일으키고 해신(海神)이 파도를 일으켜, 바닷속의 큰 고기들이 떠올라 배를 떠 바쳐」주어 무사히 신라 땅에 도달했다는 것으로서 시작된다. 다행히, 신라는 큰 싸움을 피하고 항복했으며, "매년 공물을 80척의 배에 그득히 싣고 와 일본국에 바친다"는 것을 신라왕이 서약함으로써, 두 나라의 싸움은 그쳤다는 것이다.[21] 이때, 옆에서

---

20) 「氣長足姬尊」이라는 神功의 이름은, 舒明천황의 본명인 息長足目廣額과, 齋明천황의 본 명인 天豊財目足姬의 일부를 빌려 작명한 것으로 보인다.

21) 津田左右吉은 일찍이 「神武紀부터 仲哀紀까지는」史實이 아니라고 仲哀의 실체를 부정 하기 때문에, 그는 神功紀를 대체로 인정하지 않는다(津田左右吉全集 別卷1 (古事記·日 本古典の硏究), 1966년, pp.16, 17, p.268). 池內 宏도, 「神功의 新羅정벌은 쉽사리 믿 기 어려운 것」이라고 이를 부정한다(日本上代史の一硏究, 1947, pp.44~49 참조). 한편 井上秀雄도 「神功皇后의 新羅정벌기사는 지금 새롭게 논의할 필요가 없는 것으로 이는 後世의 조작인 것이다」라고 한다("日本書記の外國觀", 靑丘學術論集, 제 1集, 1991. 2,

이를 지켜보고 있던 백제와 고구려도, "스스로 머리를 땅에 대고, 금후는 길이 서번(西蕃)이라 믿고 조공을 그치지 않겠다"는 맹세를 함으로써, 이른바 신공황후의 삼한정벌은 막을 내리게 된다.

이와 같은 허무맹랑한 설화는 『서기』편자들이 당군(唐軍)에 의해 무너진 백제와 고구려를 대신해, 한반도에 새로 등장한 신라를 염두에 두고 꾸며낸 '조작'으로 보이나, 이것은 동시에 「クダラ(百濟)」라고 하는 그들의 오래된 종주국의 '멍에'를 벗어버리고 그 대신 백제를 일본의 '신속국'으로 전락시켰다는데 더 큰 의의를 찾을 수 있을 것이다.

2) 「헌(獻)」・「공(貢)」 만으로는 「신속」관계 불성립

신공황후의 이른바 「삼한정벌」은 신공(神功)를 비록 어린 응신(應神)천황의 섭정자(攝政者)라고는 하나, 야마도8주(大和八洲)의 통치자이자, 한반도에는 후왕(侯王)을 가지고 있는 대왕으로 가공한 것이다. 그러므로 『서기』의 편자들은 섭정자인 그녀는 물론이고, 다른 천황의 몰년(歿年)을 모두 붕어(崩御)라는 천자의 죽음과 같은 것으로 표기하는가 하면, 백제왕의 경우는 이것을 훙거(薨去)라는 '신속 용어'로 표기하게 되는 것이다.

그리고, 그들은 백제(クダラ)−「왜(倭)」의 교류·교환 및 왕래를, 모름지기 백제가 왜에 「헌(獻)」, 「공(貢)」, 「조(調)」나 「질(質)」을 한 것으로 표기하고 있으며, 때로는 「왜」가 백제에 사(賜)한 것으로 표기하는 등 「왜」를 주체로 한 일방적인 표기로 일관하고 있다.[22] 그러나, 그러한 표기는 어디까지나

---

p.39 참조).

[22] 『書紀』편자에 의해 만들어진 무분별한 표기의 例 : 應神紀 14년 2월조(貢), 15년 8월조(貢), 仁德紀 12년 7월조(貢)(獻) 武烈紀 6년 10월조(調), 欽明紀 12년 3월조(賜), 推古紀

『서기』편자들에 의한 단순한 용어의 구사에 불과할 뿐, 그것으로써 사실에도 없는 신속 관계가 간단하게 생기는 것은 아니다.

예하면, 칠지도(七枝刀)와 칠자경(七子鏡)의 경우, 이것은 분명 백제왕이 후왕인 자신의 신하에게 하사한 것인데, 신공기(神功紀) 52년 9월조는, 이것을 백제 초고왕(肖古王)이 신공황후에게 헌상한 것이라고 주장하고, 나아가 백제왕이 「매년 계속하여 조공을 올리겠다」는 맹세까지 했다고 한다.[23] 그런데, 상대(上代)의 경(鏡)과 검(劍)은 '신기(神器)'로서 신임부여의 기능을 가지고 있는 것이기 때문에, 이것은 언제나 하사 되는 것이지, 결코 '헌상'하는 것은 아니다.

또한, 웅략기(雄略紀) 21년 3월조는 천황이 「백제가 고구려에 의해 파멸되었다는 소식을 듣고, 구마나리(久麻那利·지금의 공주)를 문주왕(文洲王)에게 사(賜)하고, 그 나라를 다시 일으켰다」고 하는데, 이 같은 일들이 사실이었다고 한다면, 「왜(倭)」는 구마나리(久麻那利)를 백제왕에게 하사할 것이 아니라, 오히려 그곳에 「일본부(日本府)」와 같은 관가를 설치했어야 할 것이다. 이와 같은 허무맹랑한 주장은, 백제가 「倭」를 오랜 세월 복속지배 했다고 하는, 엄연한 역사적인 사실을 반전시키려고 하는 『서기』편자들의 대담한 도전으로 보인다.

한편, 계체기(繼體紀) 7년 6월조는 무령왕이 계체천황에게 말하기를, "반파국(伴跛國)이 신의 나라인 기문(己汶)의 땅을 빼앗았습니다. 아무쪼록, 천

5년 4월조(貢) 舒明紀 3년 3월조(質)

23) 肖古王의 재위와 神功紀年은 전혀 맞지 않은 것으로, 이 기사는 『書紀』의 편자들이 만든 무책임한 작문이다. 池內 宏는, 「이 기사는 机上에서 안출된 것이다」라고 이를 부정한다 (池內 宏, 전게서, p.63).

은을 내려 본국으로 돌려주십시오"라고 상소하고 오경박사(五經博士) 단양이(段揚爾)를 「공(貢)」하였다고 적었다. 그런데, 이들 오경박사는, 흠명기(欽明紀) 15년 1월조의 역박사(易博士), 력박사(曆博士), 의박사(醫博士) 그리고 채약사(採藥師)와 더불어, 상대(上代) 율령 사회의 '최고행정가' 이자 '최고 관리자'와 같은 중요한 인물로서 이들의 존재는 어디까지나, 「クダラ(百濟)」의 통치행위의 확대와 관계가 있는 것으로 보아야할 것이다. 무령왕과 성왕(聖王)이 이들 오경박사와 역박사 그리고 의박사 등을 대거 대왕국의 '직할령'인 「기내(畿內)」에 보냈다고 하는 사실은, 거기에는 이미 기내(畿內·대왕 직할령)와 기외(畿外·9주, 후왕의 나라)」라고 하는 『예기(禮記)』의 율령체제가 확립되어 있어서, 이들 '전문율사'들의 참여를 필요로 했던 것이다.

3. 「붕(崩)」과 「훙(薨)」의 차이는 '대왕'과 '후왕'의 차이

1) 붕(崩)·훙(薨)은 신속 관계의 상징

『일본서기』는 역대 천황의 즉위와 몰년(歿年·干支)을 같이 기록하고 있는데, 거기에는 동시에 백제왕의 그것도 같이 기록하고 있다. 신공기(神功紀)의 '조작'으로, 천황의 몰년은 붕어(崩御)로 표기하게 되고 백제왕의 것은 훙거(薨去)로 표기하고 있는데, 이렇게 두 나라의 『제기(帝紀)』와도 같은 것을 이른바 한 나라의 정사 속에 같이 수록하고 있었다는 것은 보기 드문 예이다.

그런데, 이러한 『일본서기』의 기재방식을 가지고 일본의 관(官)학자인 스에마쓰(末松保和)는 백제왕의 즉위·훙거에 관한 기사를 『일본서기』에 수록하고 있는 것은 「백제가 일본국의 신속국의 원직」이기 때문이라고 주장한다.[24] 다시 말해, 그의 주장은 '신속' 관계나 '복속' 관계와 같은 것을 한 역사체계나 정치체제에서는, '붕(崩)'과 '훙(薨)'은 언제나 같이 기록되어야 한다는 것이다.

스에마쓰(末松)의 그러한 주장은 『일본서기』에 실려 있는 천황들이 사후에도 정당하게 「붕(崩)」이라는 글자를 사용할 수 있는 신분의 소유자라고 한다면, 더 할 말이 없을 것이다. 왜냐하면, 그것은 상대 율령사회에서 행하여진, 율법과도 같은 것이기 때문이다. 일찍이 공자(孔子)는 『사서(四書)』 중의 하나인 『예기』에서, 사람의 죽음에 대해서 「천자사왈붕(天子死曰崩), 제후왈 훙(諸侯曰薨), 대부왈 졸(大夫曰卒), 병사왈 불록(士曰不錄), 서인왈 사(庶人曰死)」라고 하는 교시를 내린 바 있다. 그러므로 붕(崩)자는 어떠한 경우에도 천자(대왕)의 죽음에 한하여 쓰게 되어 있으며, '훙(薨)'자는 그의 후왕들의 죽음에 쓰도록 했던 것이다. 그리고 『예기·禮記』는 또한 천자(대왕)가 '붕(崩)'했을 때는, 사관(史官)으로 하여금 「천왕(天王)이 붕(崩)했다(崩曰天王崩)」라는 기록을 남기도록 교시하였다.

4. 무령왕의 서거는 대왕의 죽음·「붕(崩)」

그러나, 1971년 7월 충남 공주의 한 고분에서 나온, 한 장의 지석에는 고분의 주인공은 백제 제 25대 사마왕(斯麻王·시호 武寧)이며, 그는 계유년(癸卯年·523년) 5월 7일 62세의 천수(天壽)를 누리고, '붕어'하시었다는 사실이 기록되어 있었다. 그리고 王은 을사년(乙巳年·525년)에 3년간의 거상(居喪)

---

24) 末松保和, 『日本書紀』上, 1967, p.612.

을 마치고 안장되었다는 사실도 왕의 사관들은 기록하고 있으니, 사마왕의 서거는 분명 상대 율령에 따른 대왕의 죽음 바로 그것인 것이다.[25]

그와 같이 무령왕의 서거는 『예기』에 있는 천자(天子)의 죽음으로서의 「붕(崩)」인 것이다. 그러므로 무령왕의 서거는 『서기』의 편자들이 주장하는 것과 같이, 계체천황의 「후왕」으로서의 「훙거(薨去)」가 아니고, 그의 상왕 (대왕)으로서의 「붕(崩)」인 것이다. 따라서 『일본서기』 계체기 17년 5월조에 보이는, 「百濟王 武寧薨(훙)」은 위작이며, 동기 25년 2월조의 계체(繼體) 「天皇崩(붕)于磐余」는 오기라고 보아야 할 것이다.

우리는 이미 일본국 국보 스다하지만鏡의 명문(총 48자)을 통해서 본 바와 같이, 「大王年 癸未年(503년) 八月 十日」 사마왕은 「開中(河內)費直 穢人 (도래인) 今州利」를 「견(遣)」하여, 의자사카궁(意紫沙加宮)에 있는 그의 제왕 (弟王)격인 「男弟王(남제왕·男大迹王)」을 신임하였는바, 그는 그로부터 4년 후인 기유년(己卯年·507년) 정월에 제26대 천황으로 즉위하였다고 『일본서기』는 전하고 있다.

이와 같이 「계체천황」의 출자는 그 누구보다도 확실한데도 불구하고, 『서기』의 편자들은 그를 있지도 않은 「대왕」의 자리에 앉히는가 하면, 반대로 무령왕의 경우는 『일본서기』의 내용은 물론이며 백제 측 사료마저 조작해 가면서, 그가 평생을 누려온 대왕의 자리를 탈취하고 그를 역사의 뒷전으로 밀어 버린 것이다. 그러나 상대(上代)의 비밀을 간직한 채, 1500년이

---

25) 誌石의 명문에 있는 「崩」자에 대한 李丙燾 박사의 논평:「王의 崩御年代는 삼국사기와 일치하여 별로 새로운 자료가 되지 아니하나」,「여기 나타나는 「崩」자에 있어서는, 우리의 흥미와 주의를 끌게 한다. 말할 것도 없이 중국에서는, 古代로부터 소위 「天子」의 죽음에 있어서야 崩자를 쓰는 것이 관례로 되어 있다. 그러므로 무엇보다도 그들의 주체의식을 드러낸 것이라고 보지 않을 수 없다」(李丙燾, 韓國古代史研究 (1976), p.560).

라는 긴 세월을 말없이 땅속에 묻혀있던, 사마왕(斯麻王)의 지석은 대왕의 화려했던, 옛 영화를 우리에게 말해주고 있는 것이 아닌가? 대왕의 서거는 「훙(薨)」이 아니라, 「붕(崩)」이시다. 그는 계체천황의 후왕이 아니라, 그의 상왕(대왕)으로 생애를 마치신 것이다.

아직도『일본서기』계체기나 흠명기 그리고 그 후대의 기록에 그대로 남아 있는 여러 사실들은 비록 그것이 윤색되고 왜곡되거나, 또는 변개되어있는 것은 사실이나, 우리에게 대왕의 화려했던 옛 발자취를 더듬어 볼 수 있게 한다. 계체기 7년(514) 6월조에는, 무령왕이 「왜·倭」에 오경박사를 보냈다고 하며, 그 후에도 역박사(易博士), 력박사, 의박사 등을 보냈다고 한다. 그리고 그의 태자인 성명왕(聖明王)은 그곳에다 불상과 불경, 그리고 고승(高僧)들을 보냈다고 하는데, 이런 일은 사상 처음 있었던 것으로서, 이것은 「クダラ(百濟)」의 통치행위의 새로운 면모를 보여주는 좋은 사례라고 할 수 있을 것이다.

'왜'에는 오래전부터 백제 대왕이 '사(賜)'한 성씨인, 군(君·公), 비직(費直), 신(臣), 련(連), 반(伴) 등이 자리 잡고 있었던 것으로 보아, 이들 오경박사, 역박사 등의 존재는 율령체제인 천자(대왕)의 나라(「기내·대왕직할영」과 「기외·9주」)의 존재를 말해주는 것으로서, 그 효과적인 경영을 위해서 오경박사 등이 와 있다고 보아야 할 것이다. 그러므로 백제태자(군군·軍君, 사아군·斯我君 등)들이 '후왕'으로 와있는 대왕국의 직할영인 기내에는 '백제의 땅'이 여기저기 있으며, 백제대궁(大宮)과 백제대사(大寺) 등이 있어, 거기에서 계체천황과 흠명천황의 자손들은 '천황'으로 즉위를 했다고 하며 (민달(敏達), 서명(舒明), 황극(皇極) 등), 또한 사후에는 그곳에다 '백제대빈(大殯)'을 차리는 등 이른바 야마토(大和)의 천황들은 평생을 백제대왕년(大王

年)인 원가역년(元嘉曆年)과 더불어 그 생애를 마치는 것이라고 한다.

5. 맺는말

『일본서기』에는 왜왕이라는 천황의 몰년을 「붕(崩)」으로 그리고 같은 시대의 백제왕에 대해서는 이를 「훙(薨)」으로 표기하고 있는데, 이것은 상대의 신분을 나타내는 중요한 표기로서, 일본의 한 저명한 학자는 이러한 표기가 「『일본서기』에 수록되어 있는 것은 백제가 일본국의 신속국이라는 원칙」 때문이라고 말하고 있다. 그의 주장은 「붕(崩)」으로 표기되어 있는, 왜왕이라는 천황은 그의 생전에 백제왕을 '후왕'으로 하고 있는 '대왕'이라는 것인데, 이러한 주장을 진실된 것이라고 믿고 있는 일본 사람들은 아직도 많이 있는 것 같다.

그러나 백제왕(クダラ王)이 천황의 후왕 노릇을 하였다고 하는 『일본서기』의 주장은, 『서기』 이외의 다른 어떤 사서(史書)나 또는 사료에서도, 그러한 흔적을 찾아볼 수 없는 것이다. 『일본서기』에 있는 「천황·붕(崩)」「백제왕·훙(薨)」은 전혀 사실과 다른 것이며, 이는 역사의 진실을 은폐하고 사실을 오도하려는, 『서기』 편자들의 계획적인 '음모'로서 꾸며진 하나의 '역사작품'에 불과한 것이다.

1971년 7월, 충남 공주의 한 고분에서 나온 한 장의 지석에는, 지난 세월을 말해주듯 백제 사마왕(武寧王)의 서거는 「대왕」의 죽음인 「붕(崩)」이라는 사실을, 왕의 사관(史官)들은 이를 기록하고 있었다. 사마왕의 평생은 결코 순탄한 일생은 아니었다. 왕은 재위 중에 선왕대의 실지를 회복하고, 나아가 영토 확장에 진력하였으며, 국내는 물론이고 바다 건너 멀리 왜국 땅에서도 그 이름을 크게 떨치시다 계묘년(癸卯年·523년) 5월에 천수 62세를 누리시다 붕어하셨다. '대왕'은 생전에 여러 「후왕」을 거느린 것으로 전언 되어 왔는데, 그중에는 멀리 '하내(河內)'의 '장엽궁(樟葉宮)'에서 서기 507 년에 즉위를 하였다고 하는, 「오오토왕(男大迹王)」·남제왕(繼體天皇)의 존재 를 일본국 국보 스다하지만鏡은 말해주고 있다.

VIII. 일본의 고대국가
大倭(대왜)의 기원은 韓國(한국)

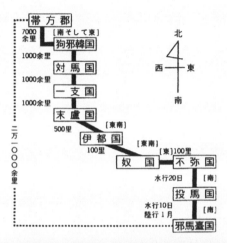

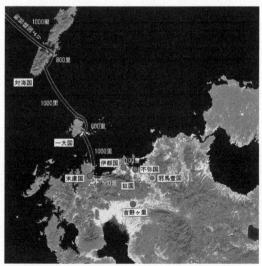

대왜(大倭)국의 방위(30여 개국이 北九州에 있다)
출처 : 古田武彦, 『古代史60の證言』에서

중국의 正史인 『한서(漢書)』, 『후한서(後漢書)』 그리고 『삼국지 위서(三國志 魏書)』 등의 기록에 의하면, "일본의 고대국가 大倭(대왜)는 韓(한·馬韓)의 辰王(진왕)에 '예속'한 땅으로, 辰王은 이 땅에 '大率(대솔)'이라는 파견관을 보내, 그가 이 땅을 관리·감독하고 있다"고 한다. 그러나 일본학계는 일본의 고대 국가의 기원은 4, 5세기경 관서(關西)지방에서 세력을 확장했다는, '大和(대화·야마토) 정권'에서 찾고 있는데, 그것은 大倭(대왜·일본은 이것도 '야마토'로 발음)의 존재를 송두리째 지워버리려고 하는 흉계이다.

1. 韓과 大倭의 나라들

1) 韓의 나라들

① 辰王이 3韓을 '통솔'

『후한서』 동이열전 韓조에 의하면, 한반도 남부지역에는 3韓이 존재하는데, 馬韓(마한)은 54개의 작은 나라들(伯濟·百濟는 그중의 하나)로 구성되어 있으며, 그 동서남방의 辰韓(진한)과 弁辰(변진)은 도합 24개의 작은 나라들(斯盧·新羅는 그중의 하나)로 구성되어 있다. 韓나라의 영역은 옛 '辰國(진국)'이며, 3韓에서는 馬韓이 제일 큰 나라로서 그 종족들 중에서 사람을 뽑아 辰王을 세우는데, 그가 3韓지역을 통솔한다고 한다.[26] 辰王의 도읍지는 월

본고는 2014. 5. 13. 동북아역사재단의 제1회 상고사학술회의에서 발표

26) [『삼국지』魏書의 馬韓 諸國]
백제국(伯濟國), 속로불사국(速盧不斯國), 고리국(古離國), 월지국(月支國), 자리모로국(咨離牟盧國), 막로국(莫盧國), 비리국(卑離國), 구로국(狗盧國), 비미국(卑彌國), 사로국(駟盧國), 만로국(萬盧國), 불미국(不彌國), 첩로국(捷盧國), 건마국(乾馬國) ... 등 54개국

지국(月支國·위치불명)이라고 한다.

② 韓의 사회

馬韓에서 "큰 나라는 만여 가(家)이고 작은 나라는 수천家로서 총 십여만 戶가 된다"고 하며 弁辰에서는 "큰 나라는 4~5천家이고, 작은 나라는 6~7백家로 총 4~5만戶(호)가 된다"고 하니, 韓의 총 戶수는 15~16만戶가 넘을 것으로 추산된다. 韓의 諸국은 각기 산과 바다 사이에 있으며, 전체 국토의 넓이는 4천여 리(里)가 된다고 한다. 3韓의 관제에 대해 『후한서』는 "모든 작은 읍(邑)에는 거수(渠帥)가 있는데, 강대한 자를 신지(臣智)라고 하고, 그다음은 검측(儉側), 그다음이 걸저(樊秖), 그다음이 살해(殺奚) 그리고 읍차(邑借)가 있다"고 한다. 한편 魏나라는 이들 작은 나라의 크기와 친소에 따라 위솔선읍군(魏率善邑君), 귀의후(歸義侯), 중랑장(中郎將), 도위(都尉) 및 백장(伯長) 등의 여러 관호를 수여하였다.

2) 大倭의 나라들

① 『후한서』 韓조는

"倭(왜)는 韓에 소속되어있는데, 그 나라의 동남쪽 큰 바다 가운데 있고(「倭在韓東南大海中 …」),[27] 산이 많은 섬에 의지하여 살고 있다. 무릇 100여

[『삼국지』 魏書의 弁辰, 辰韓 諸國]

사로국(斯盧國), 불사국(不斯國), 난미리미동국(難彌離彌凍國), 변진고자미동국(弁辰古資彌凍國), 변진고순시국(弁辰古淳是國), 변진미오사마국(弁辰彌烏邪馬國), 변진구사국(弁辰狗邪國), 변진안사국[마연국](弁辰安邪國[馬延國]), 변진독로국(弁辰瀆盧國) … 등 24개국

27) '漢'과 '後漢'시대의 문장 중「在」자는 小國들의 소속을 표시하는 글자이다.『三國志』는 西

나라인데, 무제(武帝)가 조선(朝鮮)을 멸망시킨 후에는 사역(使譯·통역)을 이용하여 漢(한)과 통한 것이 30여개 나라이다." 이들의 생활영역은 북九州 지역인데, 이들의 연합체와 같은 것을 '大倭(대왜·일본은 이것도 '야마토'로 발음)'라고 한다.

사서(史書)에서 언급되는 '倭國'은 다름 아닌 이 '大倭'를 가르치는 말이다.

'大倭'에서 맹주는 여왕국인 邪馬壹(臺)國(사마일(대)국·일본은 '야마다이고쿠'로 발음)인데[28] 大倭를 구성한 30여개의 나라들은 모두 이 나라에 '종속' 되어 있다고 하니 '邪馬壹國'의 여왕(卑弥呼·비미호·일본은 '히미코'로 발음)은 대외적으로 倭王으로 호칭된다(여왕은 경초(景初) 2년(238) 魏帝로부터 「親魏倭王(친위왜왕)」의 금도장을 하사 받은 바가 있다).

② 倭地로 가는 길

韓에서 남쪽으로 큰 바다를 건너면, 倭地로 가게 되는데, 대해국(對海國· 지금의 對馬島)과 일대국(一大國·지금의 壹岐島)를 거치면 말로국(末盧國·지금의

域(天山山脈)지역에 있는 나라들의 方位를 다음과 같이 표기하고 있다.
거기에는 宗國으로서 大月氏國이 있는데, 高附國(카불?)과 天竺(인도) 등은 大月氏國에 附庸된 땅으로 표기되어 있다(高附國在大月氏國西南, 天竺國一名身毒在大月氏國東南 三千里).
『魏略』西域傳에는 「在」자 대신 「屬」자로 표기하고 있다. 大夏國, 高附國, 天竺國皆幷 屬大月氏國.

28) 大倭의 도읍지에 대해서『삼국지 魏書』는 「邪馬壹國」으로 표기하고 있으며, 『후한서』 는 「邪馬臺國」으로 표기했다. 그 동안 학계에서는 「壹」자와 「臺」자 중 그 어느 하나는 오기로 보아왔는데, 그렇지는 않은 것 같다. 漢字의 사용법은 시대에 따라 글자의 語法 을 다르게 할 수 있는 것 같다. 『후한서』南夷 서남열전에는 「... 其先有婦人名沙壹, ...」 로 표기했는데, 『水經注作』에서는 「臺」로 표기했다. 또한 『삼국지 魏書』는 「壹與遣倭 大夫 ...」라는 기록이 있는데, 『梁書』와 『北史』에서는 「臺與」로 표기하고 있다.

북규슈 가라쓰市 근처)에 到한다(『후한서』동이열전 韓조「倭在韓東南大海中…」). 구사한국(狗邪韓國·오늘의 김해市 근방·일본은 '任那加羅'라 함)에서 여기까지의 항로는 약 3천여里가 된다고 한다. 그리고 末盧國에서 육로로 이도국(伊都國)을 거쳐 여왕의 도읍지인 邪馬壹(臺)國까지는 약 2천여 里라고 한다.

③「여왕국」에 속한 나라들(『魏書』로 본)

邪馬壹國에 이르기까지:

대해국(對海國·1천여戶)	일대국(一大國·3천여戶)	말로국(末盧國·4천戶)	이도국(伊都國·1천여戶)
노국(奴國·2만여戶)	불미국(不彌國·1천여戶)	투마국(投馬國·5만戶)	사마일국(邪馬壹國·7만여戶)

邪馬壹國의 북쪽에 위치한 나라들:

사마국(斯馬國)	미노국(弥奴國)	사마국(邪馬國)	저노국(姐奴國)	화노소노국(華奴蘇奴國)
기백지국(己百支國)	호고도국(好古都國)	궁신국(躬臣國)	대소국(對蘇國)	귀국(鬼國)
이사국(伊邪國)	불호국(不呼國)	파리국(巴利國)	호읍국(呼邑國)	위오국(爲吾國)
귀노국(鬼奴國)	지익국(支惟國)	오노국(烏奴國)	노국(奴國)	소노국(蘇奴國)

3) 두 지역(韓·倭) 간에는 공통점이 많다

① 두 지역 간에는 같은 '나라이름'이 있다

大倭의 '不弥國(불미국·지금의 후쿠오카지역)'은 馬韓의 不弥國(불미국·지금의 전남 영암지역?)과 나라 이름이 꼭 같으며, 大倭의 중추국인 邪馬壹(臺)國(사마일국·위치불명, 여왕의 도읍지)과 邪馬國(사마국·위치불명)은 弁辰(변진)의 弁辰弥烏邪馬國(변진미오사마국·대가야국)과 나라 이름이 같다. 또한 大倭王 卑弥呼(비미호)와 남규슈의 구노국(拘奴國)왕 卑弥弓呼(비미궁호)는 姓으로 보이는 '卑弥(비미)'를 같이 쓰고 있는데, 이것은 馬韓 구성국의 하나인 '卑

弥國(비미국)'의 국명과 같은 것이다. 그래서 일찍이(1960년대) 김석형(金錫亨·북한학자)은 大倭는 三韓의 「분국(分國)」과 같은 것이라고 해, 일본학계에 큰 논쟁을 불러 일으킨 일이 있다.

② 두 지역의 사람들은 같은 '종족'?

최근 일본의 의학계 인사 중에는 한인(韓人)과 왜인(고대 日本人)간에는 의학적인 공통점을 가지고 있다고 주장한다.

도구나가가쓰시(德永勝士·東京大의학부 교수)는 "최근의 '게놈' 연구로 발견된 존재하는 HLA-B52-HLA-DR2는 한국인과 중국의 조선족이 가장 가까운 집단"이라는 연구결과를 발표했다. 그리고 이노우에다카오(井上貴央·鳥取大의학부 교수)도 "현대 일본인의 선조로 여겨지고 있는 일본의 '야요이'시대 거주인의 DNA는 현대 한국인의 DNA와 일치 한다"고 한다 (동아일보-2003.6.24자 기사와 한국일보-2003.6.24자 기사 참조. 共同通信(동경), 2003.6.23 참조).

또한 마쓰우에 다카유키(松上孝幸·長崎大 醫學部 교수)는 1991년 佐賀縣 「志波屋六本松乙유적」에서 발굴된 사람의 해골을 분석한 결과 男性은 모두(19人) 얼굴이 좁고 길쭉한 渡來人의 두골이라고 판단했다(동아일보, 1991.5.27).

한편 1998년 다카히로 나카하시(高慶長橋·九州大 人類學科 교수)는 "九州에서 출토된 2000년 된 주민의 두개골과 치아를 분석한 결과, 동시대의 한국 남부와 중국 山東반도에서 살던 대륙인들과 일치하는 것으로 나타났다"고 한다(조선일보, 1998.12.24 참조).

2. 大倭의 생활문화 - 韓과 흡사하다

1) 장례(葬禮) 문화

한 사회에서 가장 중요한 행사의 하나는 사람이 죽고 난 후 그 死身을 모시는 장례절차일 것이다. 韓족과 이 북九州 지역의 倭족은 놀랍게도 그 장례 절차는 꼭 같은 시대의 특징인 옹관묘(甕棺墓)와 지석묘(支石墓·고인돌무덤) 등을 쓰고 있다는 사실이다. 이 사실은 이들의 조상과 韓족의 조상은 오래전에 같은 문화권에서 살아왔다는 증거이다.[29]

일본의 '야요이(弥生)'시대에 접어들어 한반도에서 농경문화를 갖은 사람들이 북부 규슈지역에 유입돼 이들이 그 지역을 평정하고 거기에 한족의 부족 사회를 건설했던 것이다. 1989년 북규슈 지역의 '요시노가리(吉野ヶ里)' 유적지에서는 무려 2900기(基)의 甕棺墓와 370基의 土壙墓 그리고 14基의 석관묘(石棺墓) 등 다양한 '야요이인'의 거대한 묘군(墓群) 단지가 발굴되었다.[30]

이중에는 죽은 시신을 대형 甕棺에 매장하고 봉분을 크고 넓게 한 것도

---

29) 이홍직(李弘稷·고려대 명예교수)은 「墓制에 있어서도 ... 支石墓은 일본의 북규슈 지방에 약간 전해졌을 뿐 ... 북규슈 지방에서 성행한 甕棺葬의 風은 역시 우리나라를 거쳐 갔을 것」이라고 한다(『韓國古代史의 研究』, 新丘文化社, 1987).

30) 또한 우에다(上田正昭)는 "西北규슈에 있어서 墓의 형식으로 주목해야 할 것은 支石墓이다. 支石墓는 韓반도에서 유래하는 것으로... 그 매장 형식은 箱式石棺과 澡床土壙 그리고 甕棺이 있는데 부장품 대부분이 韓반도계의 것들이다. 이런 것으로 볼 때 韓반도에서 온 渡來집단의 존재를 생각하게 된다. 韓반도 지석묘의 부장품의 하나인 有柄磨制石劍이 북규슈 지역에서도 발굴되는 것은 渡來집단의 동향과 관계가 크다"고 한다(上田正昭,『古代の日本と朝鮮』岩波書店, 1991).
사이토 다다시(齊藤 忠·大正大 명예교수)는 북규슈 지역에서 출토되는 支石墓에 대해서 "나는 이것과 똑같은 형식의 墓가 南朝鮮에 있는 것으로 보아 이것은 南朝鮮에서 이주한 사람의 墓"라고 생각한다.

있어 그 피장자는 그 지역의 통치자임을 알 수가 있다. 또한 棺내에는 적색 안료(顔料)와 또는 검은색 칠을 한 것도 있는데 이것들은 고귀한 신분의 소유자로 보인다. 또한 棺에서는 지배자의 상징인 유병동검(有柄銅劍·손잡이가 있는 단검)과 세형동검(細型銅劍), 유리제품 그리고 구슬 등 다양한 부장품이 출토되었다. 이들 제품은 대부분이 한반도에서 제조된 것으로 보아 북규슈 지역의 야요이인의 출자는 한반도에서 오래전에 이주한 사람들의 후예임이 분명하다.[31]

2) 생활 문화

① 윗사람에 대한 예의

『魏書』 왜인조는 "어른을 보면 공경한다... 윗사람에게는 무조건 복종한다"고 한다. 또한 "아랫도리가 어른을 길가에서 만나면 머뭇하고 혹은 걸터앉기도 하고, 혹은 무릎을 꿇고 두 손으로 땅을 짚어 공경하는 표정을 갖는다"고 한다. 그런데 『후한서』 韓조는 "길을 다닐 때는 서로 양보한다"고 하며 弁辰에서는 "길을 가다가 사람을 만나면 모두 그 자리에 서서 길을 양보한다"고 한다.

② 부부(夫婦)생활은 정숙

『魏書』는 "사람들은 어른이 되면 여자를... 4, 5명을 데리고 살고 있는데

---

31) 우에다 마사아기(上田正昭·京都大 명예교수)는 「吉野ヶ里에서는 渡來문화의 영향이 농후한 銅劍과 管玉과 같은 유물이 나오고 甕棺에서 나온 人骨의 대부분이 渡來계 야요이인인 것을 생각하면 이 지역(북규슈)과 한반도와 대륙의 직접 교류를 생각하지 않을 수 없다」고 한다(上田正昭, 森 浩一「邪馬台國の謎に迫る」プレジデント, 1989.7. 참조).

(一夫多妻制)", "여자들은 음란한 짓을 하지 않고 또 질투를 하지 않는다"고
한다. 그런데 『한서(漢書)』 지리지의 韓조는 "여자들은 정조를 지키고 신용
이 있어 음남하고 편벽된 짓을 하지 않았다"고 한다.

③ 준법생활

『魏書』는 "사람들은 도둑질이나 소송을 하는 법이 없다. 만일 法을 범하
는 자가 있으면 그중 죄(罪)가 가벼운 자는 그 처자를 몰수하고, 죄가 중한
자는 그 사람의 문호나 종족까지 모두 멸해 버린다(엄벌주의)"고 한다. 『후
한서』 韓(弁辰)조와 예(濊)조는 "사람을 죽인 자는 반드시 죽인다고 하며,
그래서 도둑질하는 자가 적다"고 한다.

3) 풍속과 습관

① 몸에 文身을 하는 전통

『魏書』 왜인전은 "남자는 어른과 아이 구별 없이 전부 얼굴이나 신체에
문신(文身·몸에 먹물로 그림이나 문양을 놓는 것)을 한다"고 한다. 그런데 『魏
書』 동이전 弁辰조는 "모두 倭와 같이 바늘로 몸뚱이에 먹물을 넣어 글씨나
그림을 그린다"고 하며 같은 동이전 韓조는 "남자들은 때때로 몸뚱이에 바
늘로 먹물을 넣어 글씨나 그림을 그린다"고 한다.

② 의상은 관두의(貫頭衣), 머리는 결발(結髮·상투?)

"남자는 모두 結髮(머리꼬리를 묶는 것)하고 있으며 목면으로 머리를 감고
있다. 여인들은 머리를 늘어트리거나 결발하고 있다. 의복을 만들 때는 중

앙에 구멍을 만들어 거기에 머리를 넣어 입는다(貫頭衣)"고 한다.[32]

③ 주요 농산물

『魏書』 왜인조는 "남자는 농사에 종사해 화도(禾稻·쌀)나 삼(紵麻)을 심고, 여자는 양잠을 해 실을 만들어 섬세한 겸(縑·고급 絹織物)이나 면(綿)을 만든다"고 한다. 『후한서』 동이열전 韓(馬韓)조는 "사람들은 농사를 짓고, 누에치는 법을 알아서 면포를 짰다"고 한다. 『魏書』 동이전 弁辰조도 사람들은 "벼(稻), 누에치는 법을 알고, 비단을 짰다"고 한다.

3. 大倭의 통치구조 – 이중적(二重的) 구조

1) 한 '大率' 이 나라를 검찰(檢察)하고 '大倭' 는 시장을 감시(監視)한다

『위서』 동이전 '왜인 조'는 大倭의 세제(稅制)에 관해 "諸國은 독자적으로 세금을 징수하고 부역(賦役)을 부과하는데 이를 위해 저각(邸閣·창고 같은 것)을 짓고 있으며, 諸國에는 물물교환을 위해 장(市場)이 서는데, 이들에 대한 감시는 大倭(女王國)가 한다(「收租賦有邸閣. 國國有市交易有無. 使大倭監之」)"고 한다. 그러므로 이 일은 '邪馬壹(臺)國'의 '男弟(남제·차석과 같은 벼슬명칭)'가 주관했을 것이다(女王은 종사·宗事에 전념하고, 주민의 생활에는 관여하지 않는다고 함). 그래서 중국의 심인안(沈仁安·北京大) 교수는 이런 점을 볼 것 같으면, "大倭는 재정경제(財政經濟) 부문을 주관하는 장관과 같다"고 한다(『倭國と東アジア』, 六興出版, 1999.).

---

32) 貫頭衣는 중국의 西南地方, 海南島, 캄보디아 등지에서 입는 衣服이다.

또한 『위서』는 "여왕국 북쪽에 한 '大率(대솔)'이 있는데 그의 임무는 諸국을 '검찰(檢察)'하는데 諸국은 그를 몹시 '두려워'한다고 한다. 그는 이도국(伊都國)에 상주한다(「自女王國以北特置一大率. 檢察諸國畏憚之. 常治伊都國」)"고 한다. 諸국의 통치자(王이나 首長)들은 그를 몹시 두려워한다고 하는데, 『위서』는 그는 "나라 안의 자사(刺史)와 같은 것(於國中有如刺史)"이라고 하는 것으로 보아, 막강한 권력을 가진 인물로 보인다. 이로 미루어 보아 그는 외부(韓나라·辰王)에서 온 '실력자'임이 분명하다.

『위서』는 大率의 직책은 이 밖에도 倭王이 사절을 경도(京都·洛陽)나 군(郡·帶方)과 한(韓)에 보내거나, 또는 郡이 倭에 사신을 보낼 때는 매번 나루터에 나가 이들을 맞이해야 하며, 특히 황제(皇帝)가 하사하는 물건이 女王에게 확실하게 도착하도록 해야 한다는 것이다(238년 女王은 「親魏 倭王」의 인주를 받은 바 있다).

2) 여기의 '大率'은 韓나라 辰王이 파견한 관헌(官憲)

『후한서』 동이열전 韓조에는 馬韓 사회의 '大率'들의 외모는 상인(常人)들의 것과는 많이 다른 것으로, "大率들은 모두 머리를 동여 상투를 매고 베(布)로 만든 도포를 입고 草履(짚신)을 신는다"고 했다(大率皆 魁頭露紒 布袍草履). 馬韓 사회에서 大率들은 그러한 모습으로 거리를 활보했을 것으로 본다.

그런데 『후한서』의 '大率'에 대해 학계에서는 이 大率은 관직(官職)과 같은 것이 아니고 (명사(名詞)로 보지 않고) 이를 오직 부사(副詞)로만 본다. 그것은 "대충 또는 대개"의 뜻이라고 한다.[33] 그러나 그것은 잘못된 해석이다. 『후한서』의 '大率' 즉 馬韓의 大率은 그 뒤에 '皆(개)'자가 오는데, 그럴 경

우 '大率'은 명사로 관직이나 관등으로 보아야 한다.[34]

『위서』 왜인 전에서 보는 大率은 다름 아닌, 『삼국사기』 백제 고이왕(古爾王·234~286)대의 인물이다. 『위서』에는 여왕은 238년에 魏帝(위제)로부터 '親魏倭王·친위왜왕'의 인수를 받았으며, 247년경에 서거했다고 하는데, 이러한 사실은 모두 古爾王의 재위 중의 일이다. 그런데 『삼국사기』에 의하면, "백제는 고이왕 27년(260)에 나라의 관제를 정비하여, 16官等制(관등제)를 확립하였다"고 한다. 一品에 佐平(좌평), 二品에 達率(달솔·원문은 大率), 三品에 恩率(은솔) 등을 두었다고 하니, 이 大率은 辰王(古爾王)의 파견관(중국의 '刺史·자사'와 같은) 임이 분명하다.[35]

이점에 대해, 일본의 에가미 나미오(江上波夫·東京大 명예교수)는 이 大率은 '魏나라의 파견관'이라고 하나, 중국의 심인안 교수는 "중국의 官制에는 '大率'이라는 官名이 없었다"고 하고 나라 안에 刺使(자사)가 있는 것과 같

---

33) 야마오(山尾幸久·立命館大 명예교수)는 『後漢書』의 大率은 「대체나 대개」의 뜻이라고 한다. 또한, 『現代中韓辭典』(高麗大 民族文化院編)도 '大率'의 뜻을 '대체로', '대개', '대략', '대충' 등과 같이 '부사'로만 해석하고 있다(학계의 다수는 이것을 지지하고 있는 것으로 보인다).

이병도(李丙燾)도 그의 저서(『韓國古代史研究』)에서 『후한서』의 '大率皆'을 「대개가 魁頭露紒(삐죽한 날 상투) …」라고 해석한다. 또한 국사편찬위원회 편, 『中國正史朝鮮傳』 역주(1986년)도 「大率皆」의 原文을 「그들은 대체로 머리를 틀어 묶고 …」라고 번역한다. 李民樹역 『朝鮮傳』(探究新書 1967)도 「그들은 대개가 머리를 동여 …」로 번역했다.

34) 『後漢書』에 나오는 '皆'자의 用法, '皆'자는 名詞 다음에 오는 副詞이다.
「其邑落皆主屬諸加」, 「益州及蜀郡皆判應之」 그리고 「九眞, 日南, 合浦蠻. 里皆應之」 「大人皆有四五妻」, 「其男依皆橫幅」, 「男女淫皆殺之」 그리고 「今辰韓人皆偏頭」

35) 古爾王의 시대를 전후해서 백제왕은 「辰王」으로 호칭된 것 같다. 1920년 중국 洛陽의 北邙山에서 한 墓誌가 발굴되었는데, 그것은 백제 扶餘隆(부여융)의 묘지다. 墓主는 스스로를 辰朝人이라고 했다.

그리고 신형식(申瀅植·이화여대 명예교수)은 그의 저서(『백제의 대외관계』, 2006)에서 고이왕은 "자신의 목지국(目支國)을 다스리는 진왕(辰王)"이라고 한다.

다는 것으로 보아, '大率'은 중국의 官制가 아니라고 한다.

4. 大倭는 규슈(九州)지방을 평정하고, 혼슈(本州)에「百濟郡」설치

『후한서』와 『위서』에서 보는 '倭(大倭)'는 그 후에도 계속 존립했으며, 그 영역을 확대해 九州지역(南九州지방)을 평정(平定)하고, 일본열도의 本州(본주·中國지방)에 진출했다. 『송서』 왜전에 의하면, 478년경 倭王 武(왜왕 무·斯麻君의 소년 시)의 '상표문'에는, "자신의 조상 '禰將帥(예장수)'는 옛날부터 빛나는 군사적 업적을 거둬, 九州지역에서 毛人國(모인족·아이누족) 55개국과 衆夷(토착민) 66개국을 평정하고 바다 건너 북상해 本州로 진출해 95개국을 평정해「畿(기)」를 크게 확대해 왕도(王都)는 융성해졌다"고 했다.

또한 『隋書·수서』 왜국전도, 608년경 倭京(왜경)을 찾는 隋(수)나라 사신 文林郎(문임랑)과 裴世淸(배세청)의 탐방기에는 그들이 통과한 경로로, "渡百濟(백제를 지나서) … 又至竹斯國(또 죽사국(九州를 지칭)에 닿았다) … 自竹斯國以東皆附庸於倭(大倭)(九州로부터 東쪽(本州)은 모두 大倭에 부용되어 있다"라고 했다. 3세기경 이후 6, 7세기경까지 일본열도를 九州지역에서부터 本州의 近畿지방과 관동(關東)지역까지 통합한 세력은 바로 後漢시대에 北九州에서 출현한 '大倭'인 것이다. 이러한 '大倭'는 '韓·辰王'의 附庸(屬)地라고 하는 사실을 『후한서』 韓조는 ("倭在韓東南大海中") 기록하고 있다.

5. 맺는말

일본의 저명한 사학자 우에다 마사아키(上田正昭·京都大學 명예교수)는 그가 발표한 한 논문(「河內王朝と百舌鳥古墳群」, 2006)에서 "天平(덴베이) 2년 (730년)의 '正稅帳(정세장·나라의 세입·세출장부)'에는 '大倭國正稅帳'이라는 도장이 찍혀 있다"고 한다. 그러므로 "적어도 8세기 전반의 왕권을 '大和(대화·야마토)王權' 또는 그 조정을 '大和朝廷(조정)', 그 나라를 '大和國家(국가)'라고 하는 것은 엄중하게 말해 정확하지는 않다"고 한다. '大和(야마토)'의 표기가 일본 역사에서 등장하는 것은 養老令(양노령·요로레이)가 시행된 天平勝宝(천평승보) 9年(737) 이후의 일이라고 한다.

또한, 다른 저명한 고대사학자 이노우에 히데오(井上秀雄·東北대학 명예교수)도 그의 저서(『古代の韓國と日本』, 1988)에서 "大倭國은 … 지금의 奈良縣(나라겐)이고 당시에는 이곳이 그 나라의 도읍지였던 곳이다. … 이 大倭國은 奈良朝의 끝까지 존속했다"고 해, 양인은 일본학계의 '통설'을 정면에서 부정한다.

야요이(弥生)시대의 북규슈지역과 한반도의 생활문화 비교 (장례문화)

나가사키현 里田原유적지 출토 지석묘

김해(金海)지역 출토 지석묘

옹관묘(甕棺墓)

요시노가리 출토 옹관

전남 영암(靈巖) 내동리 출토 옹관

솟대문화

요시노가리의 솟대(古田武彦의 추상도)

한반도의 솟대

권력의 상징

末盧國 유적출토 多紐細文鏡
(佐賀縣 寧木渡田遺跡)

崇田대학교 박물관소장 多紐細文鏡

무기류

요시노가리 출토 석재 鑄型과 巴形銅器

김해 대성동 출토 巴形銅器(上)

요시노가리 출토 석촉(左)

경주지역 출토 석촉 (국립경주박물관 소장)

농업용품

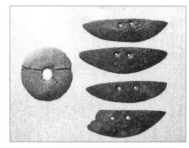
한반도 출토 石包丁

요시노가리 출토 石包丁

안동(安東)지역 출토 절구공

요시노가리지역 출토 절구

요시노가리지역 출토 절구공

결 어

국내외의 여러 사서 등에 비친 백제 관련 기사는 그저 그 나라는 '왜소'하고 '연약'한 나라로만 기록되어 있는데, 이것은 진실된 것이라고는 할 수 없다. 1971년 7월 백제의 고도古都 공주公州의 한 고분에서는, 1500년의 긴 역사를 지닌, 한 장의 '묘지석'이 나왔는데, 이 지석誌石에는 「寧東大將軍 百濟 斯麻王」이라고 하는 글귀가 적혀있어, 바로 이것은 백제 제25대 무령왕武寧王의 생애를 기록한 것임을 알게 되었다. 특히, 王의 사관史官들은 王의 서거를 가리켜, 「천자天子」의 죽음에나 쓰는 「붕崩」자로 표기하고 있어, 이 또한 놀라지 않을 수 없다. 이것은 우리 역사에 있어서는 전무후무한 일이다.

이 한 장의 지석의 발굴로 말미암아, 오랜 세월 그늘에 가려져 그 정체를 알 수 없었던 한 역사의 주인공斯麻王은 이제 역사의 전면에 나와, 한·일 고대사에 얽힌 수많은 '수수께끼'를 풀어야만 했다. 왜냐하면 그분만이 이 어려운 '숙제'를 풀어주는 '열쇠'를 쥐고 있는 유일한 증인이기 때문이다.

사실 이 한 장의 지석이 세상에 나오지 않았던 들, 우리는 '인물화상경人物畫像鏡'이 말하는 「대왕년大王年·계미년癸未年」이 무엇이며, 또한 七支刀에 있는, 「倭王 旨 왜왕 지·후왕侯王」의 관계가 어떠한 것인지를 알 수 없었을 것이다. 더욱이 『일본서기』가 크게 왜곡하고 있는 「천황·붕天皇·崩」·「백제왕·훙百濟王·薨」이라고 하는 그릇된, 역사체계에 대한 시비도 하지 못했을 것이다.

그동안 학계에서 뜨거운 논쟁을 벌인바 있는, 七支刀 명문은 백제왕이 자신의 「자제·종친」에게 일찍이 王의 「후왕」으로 「倭王왜왕」이라는 직함을 내려, 倭地봉토에 군림한 사실을 증거 하는 기록인 것이다. 이러한 관계는 『송서宋書』에 나오는 倭王 武의 상표문上表文에서도 엿볼 수가 있다. 『송서』에 의하면, 478년 왜왕倭王 武는 백제의 위급한 사정을 고告하기 위해, 한 통의 상표문을 송宋 순제順帝에게 보냈다고 하는데, 여기서 그는 백제 개로왕蓋鹵王으로 보이는 인물을 자신의 「아버지父」라고 부르고 있으며, 그는 475년경에 「갑자기 부·형이 서거奄喪父兄·엄상부형」했다고 한다.

이러한 정황은 倭王 武를 웅략雄略천황으로 비정하고 있는 '일본통설'로서는, 상상조차 할 수 없는 일이며, 이는 오직 개로왕의 태자이며, 461년 일본 북규슈의 「가카라시마各羅嶋」에서 태어났다고 하는 「사마군斯麻君」이 아니고서는 이야기가 되지 않는다. 「武」는 그 상표문에서 자신의 「부왕과 형의 유지申父兄之志」라고 하는 것으로 보아, 적·고구려를 무찔러 빼앗긴 강토疆土를 다시 찾는 것이라고 하는 것으로 보아, 이는 백제 무령왕의 소년 시의 인물이 아니고서는, 그 누구도 생각해 볼 수 없는 일이다.

한편, 백제 멸망 후 당唐나라에 끌려간 백제 장군 흑치상지黑齒常之는 후일 그곳에서 당唐나라 최고의 명장이 되고, 마침내 685년 생애를 마쳤는데, 그때 그는 엄청난 '역사의 비밀'을 간직한 한 장의 묘지석을 남기고 갔다. 그 내용은 최근에 와서 널리 알려진 일이지만, 만약 이 한 장의 묘지명銘이 세상에 알려지지 않았다고 한다면, 우리는 『송서』와 『양서』

등 중국 正史가 인정하는 백제의 요서遼西·진평晉平군의 영유領有 사실을 주장하지 못할 것이다.

중국 최남단에 위치한 광서廣西 백제향百濟鄉 지역은 다름 아닌 백제왕국의 고토故土라는 사실을 주민 스스로가 말해주고 있는 것이 아닌가? 그곳 주민壯族들은 아직도 그 나라를 부를 때, '大百濟·대박체'라고 우리말과 비슷하게 부르고 있다. 현존하는 수많은 금석문은 이것을 종합해서 볼 때, 백제는 참으로 크고 넓은 강토를 지배한 나라였다는 사실을 말해주고 있다. 이렇듯 백제는 실로 위대한 해양대국으로 존재했던 것이다. 더욱이 『수서』는 담모라국躭牟羅國·오늘의 臺灣을 지칭이 「백제 부용국附庸國」이라고 하지 아니하였는가?

사실 6세기 초의 무령왕의 세상은 참으로 큰 나라로서 그것은 바다 건너 저 먼 倭地로부터 대륙의 땅 요서遼西·진평晉平을 거처 남방의 나라 「흑치국黑齒國」에 이르는 방대한 영역으로, 본국에는 9개의 방소국旁小國·반파叛波·사라斯羅·하침라下枕羅 등을 거느린 마치 하나의 「제국帝國」을 방불케 하는 것이다. 수년 전 미륵사지 석탑에서 나온 「금제 사리舍利봉안기」 원문에는 "王后왕후 沙宅積德사택적덕이 武王무왕을 가리켜 「大王陛下대왕폐하」"라고 호칭한 것이다.

이러한 엄연한 역사적 사실은 한때 '백제치소治所'가 있었다고 하는 중국의 서남부지역의 「廣西百濟鄉」의 사람들은 아직도 백제를 '대백제大百濟'로 기억하고 있으니, 참으로 놀라운 일이 아닌가. 또한 우리의 이웃 일본의 관서지방大阪 生野區·이구노구에는 옛날의 「百濟郡 百濟鄉」이 위치했던 곳이라고 한다. 이 사실은 백제는 이곳에서도 '백제치소'를 설치하고 일본열도를 다스렸다는 것이다. 일본 사람들은 오랜 시간 우리의 고대국가 백제를 부를 때, 이것을 그저 '구다라'라고 부르고 있는데, 이것은 백제를 '大國' 또는 '大王國'이라 부르는 것과 같은 것이다.

참고문헌

基本史料

『三國史記』,『日本書紀』,『漢書』,『後漢書』,『三國志 魏書』,『魏略』,

『晉書』,『梁書』,『隋書』,『冊府元龜』,『通典』 등

論文

千寬宇,「目支國考」『韓國史研究』13, 1976.

李文基,「百濟遺民 難元慶 墓誌의 소개」『慶北史學』제93집, 2000.

金錫亨,「三韓三國の日本列島內分國について」『古代日本と朝鮮の基本問題』, 1963.

上田正昭,「河內王朝と百舌鳥古墳群」, アジア史學會 ニュース37号, 2006.

俞元載,「中國正史 百濟傳 研究」, 충남대학교, 1990.

崔沅鏞,「百濟의 對外關係에 관한 研究」, 원광대학교, 1995.

_____,「百濟의 强盛과 大陸支配」『馬韓』제3집, 마한향토사연구회, 1998.

著書

韓鎭書,『海東繹史』續3「地理考」

金貞培,『韓國古代의 國家起源과 形成』, 고려대 출판부, 1990.

閔斗基 편저,『日本의 歷史』, 지식산업사, 1976.

李丙燾,『韓國古代史研究』, 博英社, 1987.

李弘稙,『韓國古代史의 研究』, 新丘文化社, 1987.

申瀅植,『백제의 대외관계』, 주류성, 2005.

이기동,『백제의 역사』, 주류성, 2006.

연민수 편저,『일본역사』, 보고사, 1999.

_____,『古代韓日關係史』, 혜안, 1998.

蘇鎭轍, 『백제 무령왕의 세계』, 주류성, 2008.

李道學, 『백제고대국가연구』, 一志社, 1995.

_____, 『백제장군 흑치상지 평전』, 주류성, 1996.

李鍾桓, 『古代 加耶族이 세운 九州王朝』, 大旺出版社, 1987.

金在鵬, 『日本古代國家 と 朝鮮』大和書房 1975.

文定昌, 『韓國史の延長−古代日本史』, 柏文堂, 1973.

尹營植, 『百濟에 의한 倭國統治 三百年史』, 하나출판사, 1987.

崔在錫, 『百濟의 大和倭와 日本化 過程』, 一志社, 1990.

洪潤基, 『백제는 큰 나라』, 한누리 미디어, 2010.

金向洙, 『일본은 한국이더라』, 문학수첩, 1995.

洪元卓, 『百濟와 大和日本의 基源』, 서울 ; 구다라−인터내셔널, 1994.

金錫亨, 『初期朝日關係研究』, 勁草書房, 1969.

樋口隆康, 『大陸からみた古代日本』, 學生社, 1990.

直木孝次郎, 『日本の歷史 倭國の誕生』, 小學館, 1989.

井上秀雄, 『古代朝鮮』NHKブックス 172, 1972.

_____, 『倭・倭人・倭國』, 人文書院, 1991.

_____ 등, 『古代の韓國と日本』, 學生社, 1988.

上田正昭, 『古代の日本と朝鮮』岩波書店, 1991.

_____ 등, 『特輯 邪馬台國の謎に迫る』, プレジデント, 1989.7.

森 浩一 편, 『日本の古代』別卷, 中央公論社, 1988.

藤田友治, 『魏志倭人傳の解明』, 論創社, 2000.

岸 俊男 編, 『日本人とは何か』, 中央公論社, 1988.

水野 祐, 『日本史概說』早稻田大學出版部 , 1996.

井上光貞, 『古代史研究の世界』, 吉川弘文館, 1984.

山尾幸久, 『古代の日朝關係』 塙書房, 1989.

齋藤 忠, 『日本人 はどこから 來たか』(講談社 學術文庫 444), 1991.

岡田弘英, 『倭國·東ァジァ世界の中で』(中公新書 482), 1992.

大林太良, 『邪馬台國』(中公新書 466), 1980.

奧野正男, 『邪馬台國はここだ』(德間文庫), 1990.

江上波夫, 『騎馬民族征服國家』(中公新書 147), 1988.

中田 薰, 『古代日韓交涉史斷片考』, 創文社, 昭和 31年(1956).

沈音能之, 『古事記22誌99收集』, 靑春文庫, 2012.

沈仁安, 『倭國と東アジア』, 六興出版, 1999.

『日本史用語事典』, 東京, 新人物往來社, 1991.

武田幸男 編, 『古代を考ぇろ日本と朝鮮』, 吉川弘文館, 2005.

山形明鄕, 『卑彌呼の正体』, 三五館, 2009.